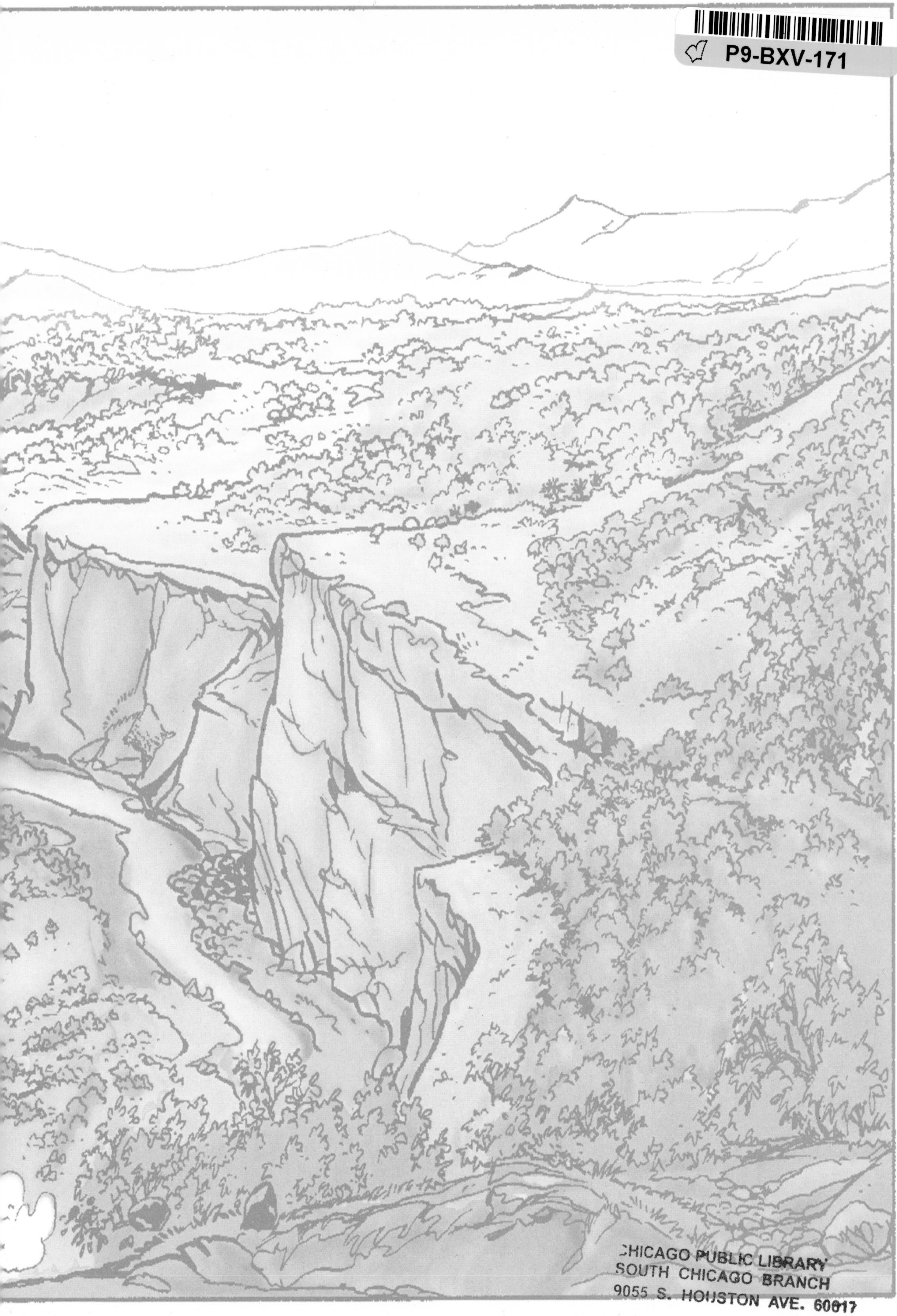

ARiTZ

1.- El tesoro de Nayarit

Guión
Pello Gutiérrez

Dibujos
Daniel Redondo

Colores
Iban Astondoa

JUV/ Sp FIC GUTIERRE
Guti´errez, Pello.
Aritz

Jean François Sauré

Editor

1.- El tesoro de Nayarit
Pello Gutiérrez & Daniel Redondo

Jean François Sauré editor
Pol. Ind. de Goiain, Avda. San Blas, 11
01170 Legutiano (Alava)

Maquetación: Dalvez

ISBN: 84-95225-36-0
Depósito legal: VI-404/03
Impreso en Gráficas Santamaría

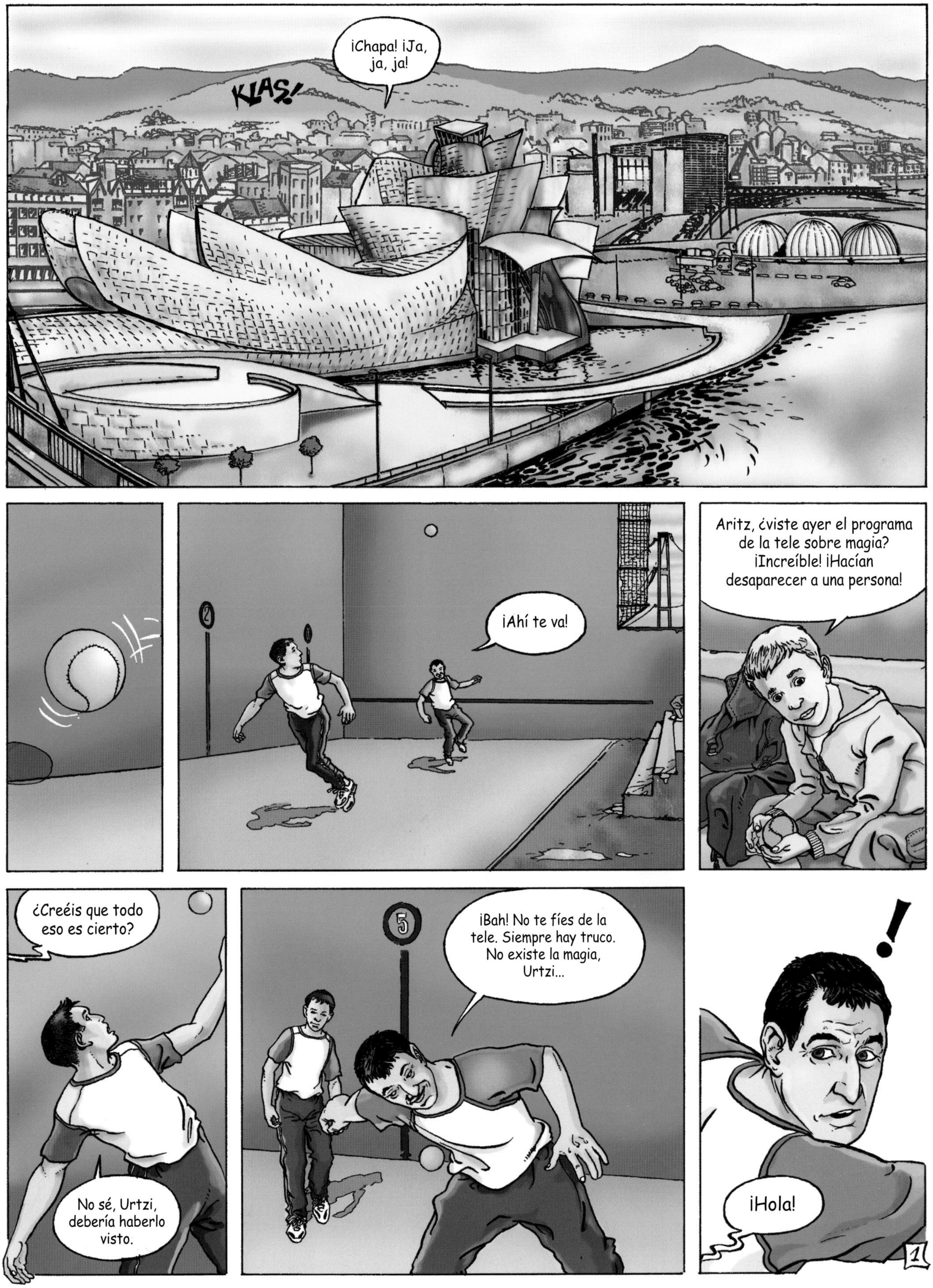
KLAS!
¡Chapa! ¡Ja, ja, ja!
¡Ahí te va!
Aritz, ¿viste ayer el programa de la tele sobre magia? ¡Increíble! ¡Hacían desaparecer a una persona!
¿Creéis que todo eso es cierto?
No sé, Urtzi, debería haberlo visto.
¡Bah! No te fíes de la tele. Siempre hay truco. No existe la magia, Urtzi...
¡Hola!
1

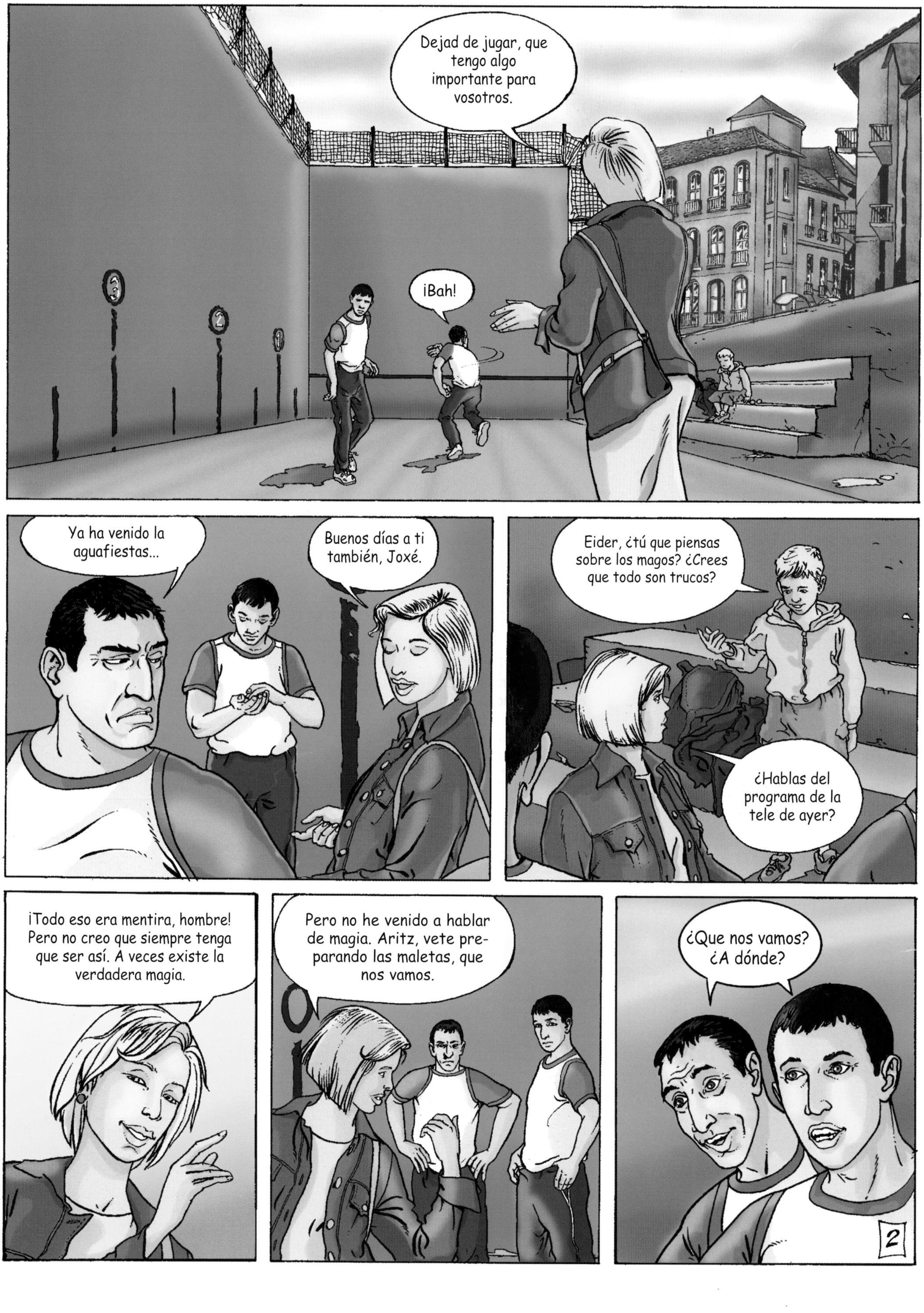
Dejad de jugar, que tengo algo importante para vosotros.
¡Bah!
Ya ha venido la aguafiestas...
Buenos días a ti también, Joxé.
Eider, ¿tú que piensas sobre los magos? ¿Crees que todo son trucos?
¿Hablas del programa de la tele de ayer?
¡Todo eso era mentira, hombre! Pero no creo que siempre tenga que ser así. A veces existe la verdadera magia.
Pero no he venido a hablar de magia. Aritz, vete preparando las maletas, que nos vamos.
¿Que nos vamos? ¿A dónde?
2

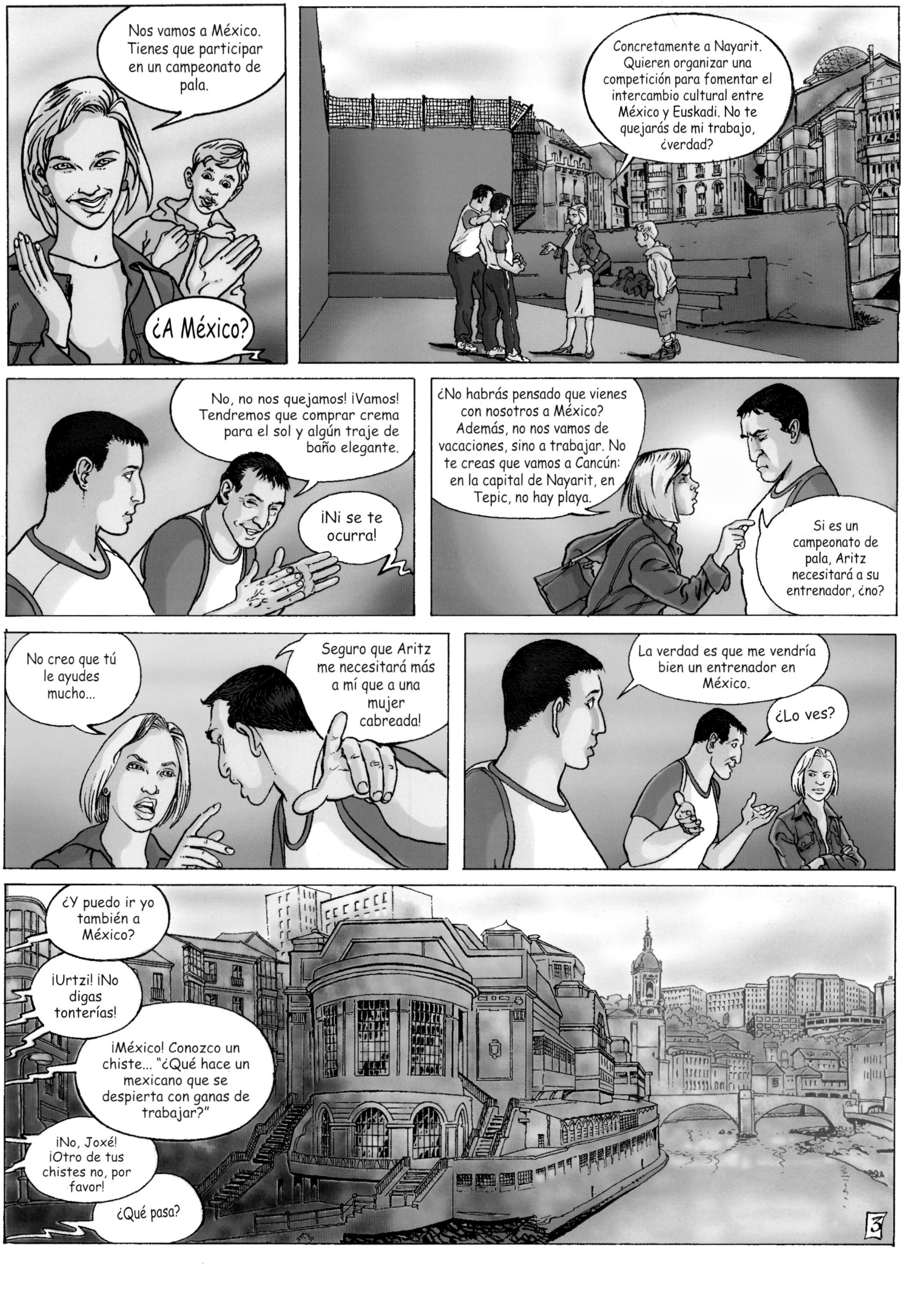
Nos vamos a México. Tienes que participar en un campeonato de pala.
¿A México?
Concretamente a Nayarit. Quieren organizar una competición para fomentar el intercambio cultural entre México y Euskadi. No te quejarás de mi trabajo, ¿verdad?
No, no nos quejamos! ¡Vamos! Tendremos que comprar crema para el sol y algún traje de baño elegante.
¡Ni se te ocurra!
¿No habrás pensado que vienes con nosotros a México? Además, no nos vamos de vacaciones, sino a trabajar. No te creas que vamos a Cancún: en la capital de Nayarit, en Tepic, no hay playa.
Si es un campeonato de pala, Aritz necesitará a su entrenador, ¿no?
No creo que tú le ayudes mucho...
Seguro que Aritz me necesitará más a mí que a una mujer cabreada!
La verdad es que me vendría bien un entrenador en México.
¿Lo ves?
¿Y puedo ir yo también a México?
¡Urtzi! ¡No digas tonterías!
¡México! Conozco un chiste... "¿Qué hace un mexicano que se despierta con ganas de trabajar?"
¡No, Joxé! ¡Otro de tus chistes no, por favor!
¿Qué pasa?
3

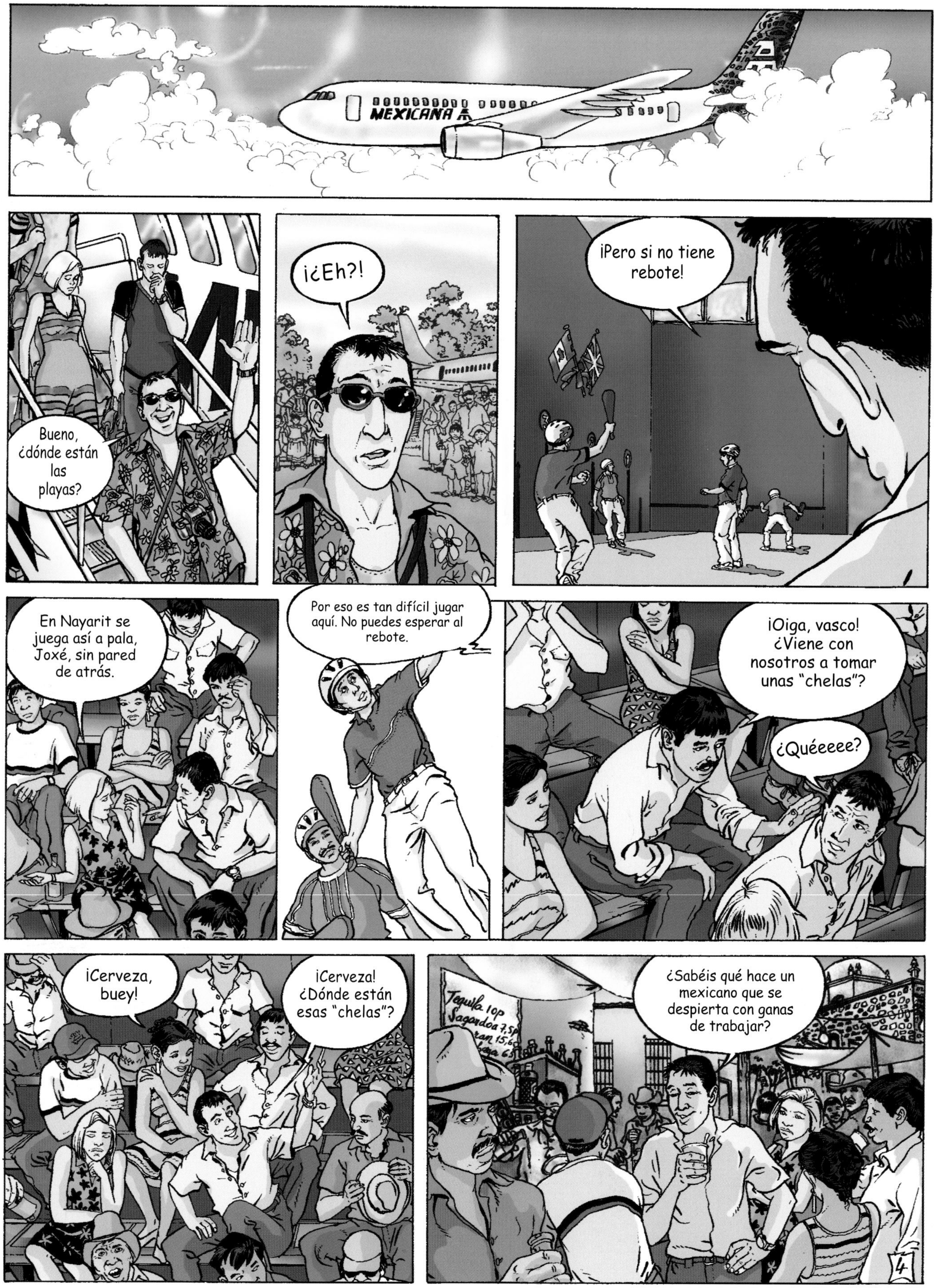
MEXICANA
Bueno, ¿dónde están las playas?
¡¿Eh?!
¡Pero si no tiene rebote!
En Nayarit se juega así a pala, Joxé, sin pared de atrás.
Por eso es tan difícil jugar aquí. No puedes esperar al rebote.
¡Oiga, vasco! ¿Viene con nosotros a tomar unas "chelas"?
¿Quéeeee?
¡Cerveza, buey!
¡Cerveza! ¿Dónde están esas "chelas"?
¿Sabéis qué hace un mexicano que se despierta con ganas de trabajar?
4

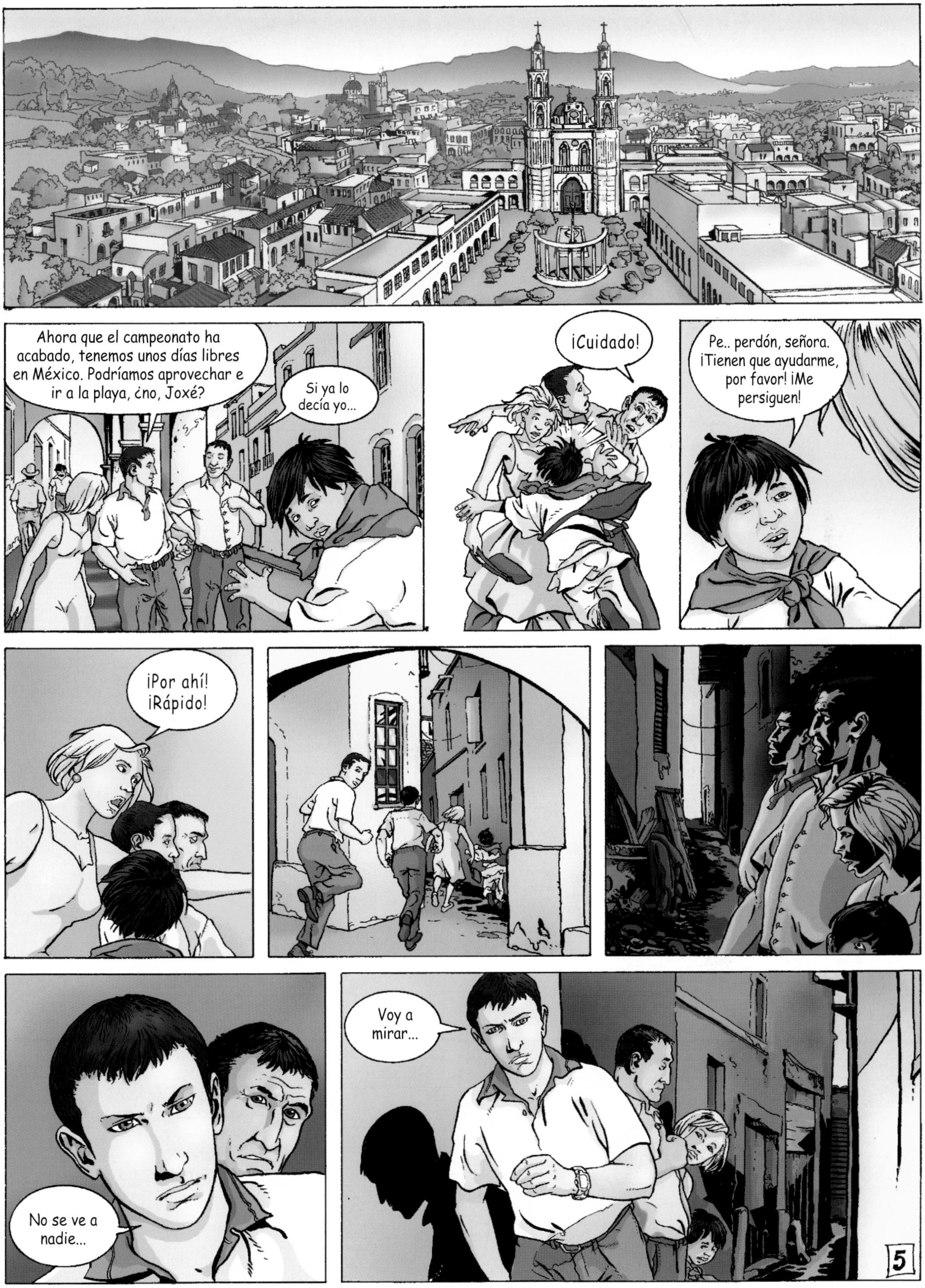
Ahora que el campeonato ha acabado, tenemos unos días libres en México. Podríamos aprovechar e ir a la playa, ¿no, Joxé?
Si ya lo decía yo...
¡Cuidado!
Pe.. perdón, señora. ¡Tienen que ayudarme, por favor! ¡Me persiguen!
¡Por ahí! ¡Rápido!
No se ve a nadie...
Voy a mirar...
5

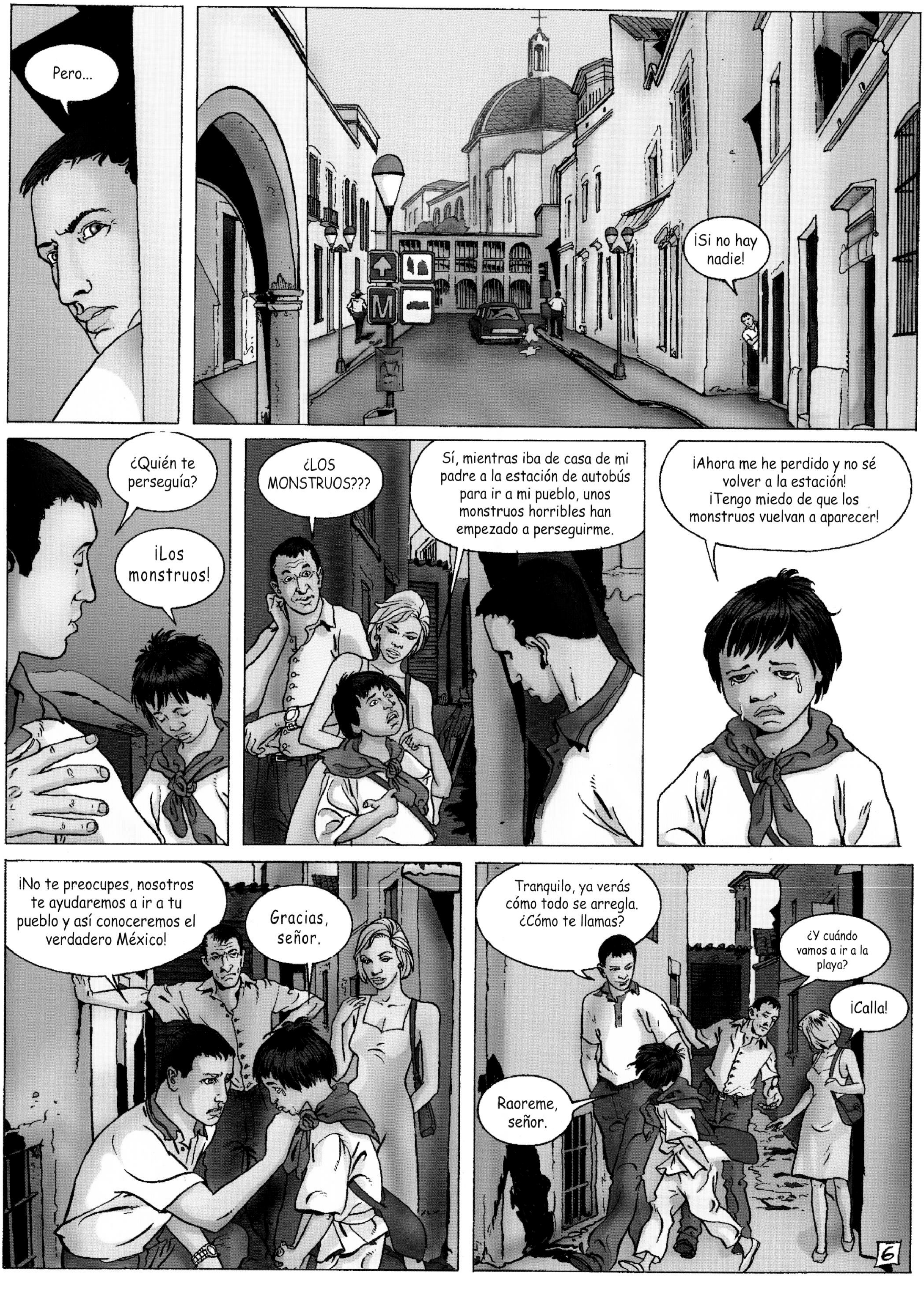
Pero...
¡Si no hay nadie!
¿Quién te perseguía?
¡Los monstruos!
¿LOS MONSTRUOS???
Sí, mientras iba de casa de mi padre a la estación de autobús para ir a mi pueblo, unos monstruos horribles han empezado a perseguirme.
¡Ahora me he perdido y no sé volver a la estación! ¡Tengo miedo de que los monstruos vuelvan a aparecer!
¡No te preocupes, nosotros te ayudaremos a ir a tu pueblo y así conoceremos el verdadero México!
Gracias, señor.
Tranquilo, ya verás cómo todo se arregla. ¿Cómo te llamas?
¿Y cuándo vamos a ir a la playa?
¡Calla!
Raoreme, señor.
6

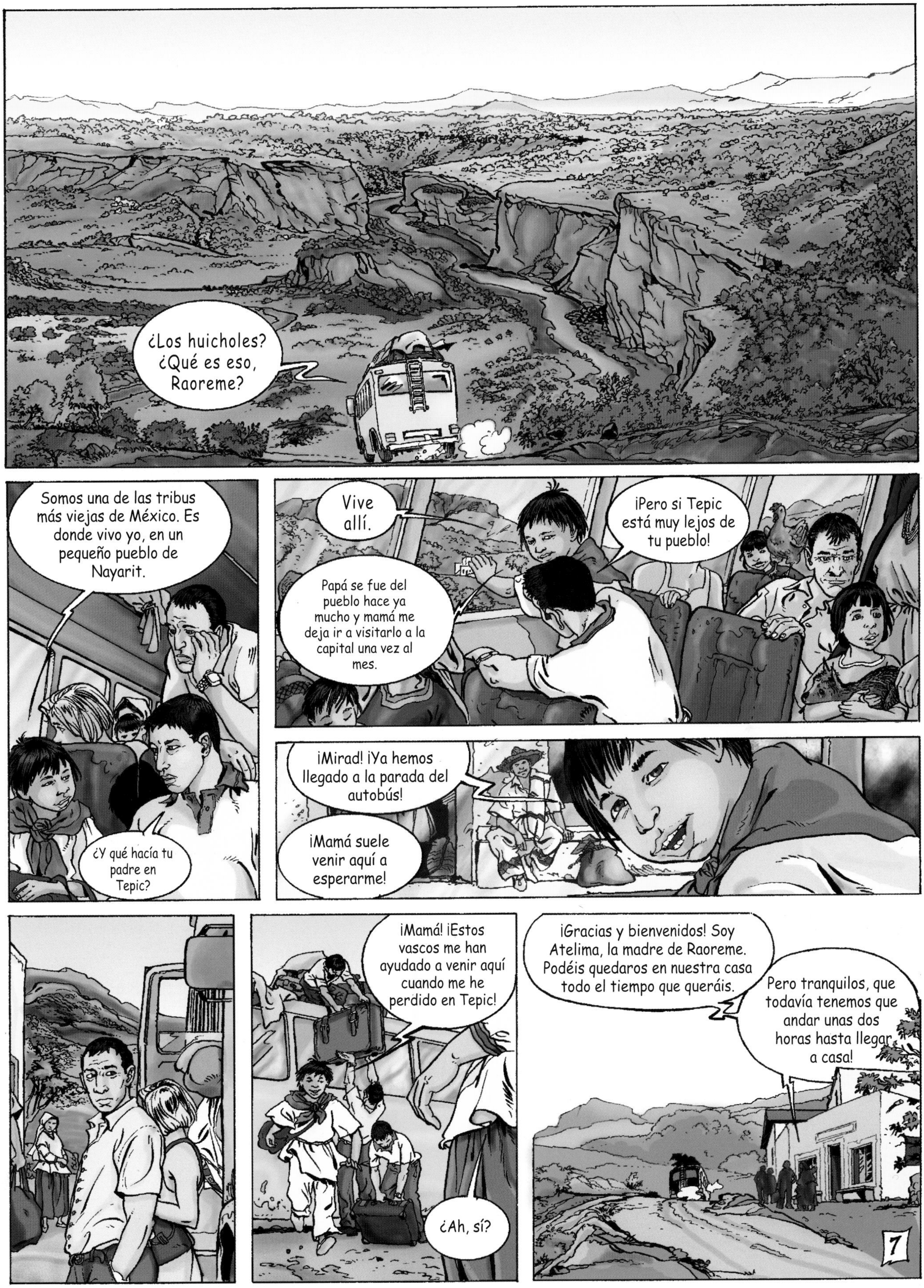
¿Los huicholes? ¿Qué es eso, Raoreme?
Somos una de las tribus más viejas de México. Es donde vivo yo, en un pequeño pueblo de Nayarit.
¿Y qué hacía tu padre en Tepic?
Vive allí.
Papá se fue del pueblo hace ya mucho y mamá me deja ir a visitarlo a la capital una vez al mes.
¡Pero si Tepic está muy lejos de tu pueblo!
¡Mirad! ¡Ya hemos llegado a la parada del autobús!
¡Mamá suele venir aquí a esperarme!
¡Mamá! ¡Estos vascos me han ayudado a venir aquí cuando me he perdido en Tepic!
¿Ah, sí?
¡Gracias y bienvenidos! Soy Atelima, la madre de Raoreme. Podéis quedaros en nuestra casa todo el tiempo que queráis.
Pero tranquilos, que todavía tenemos que andar unas dos horas hasta llegar a casa!
7

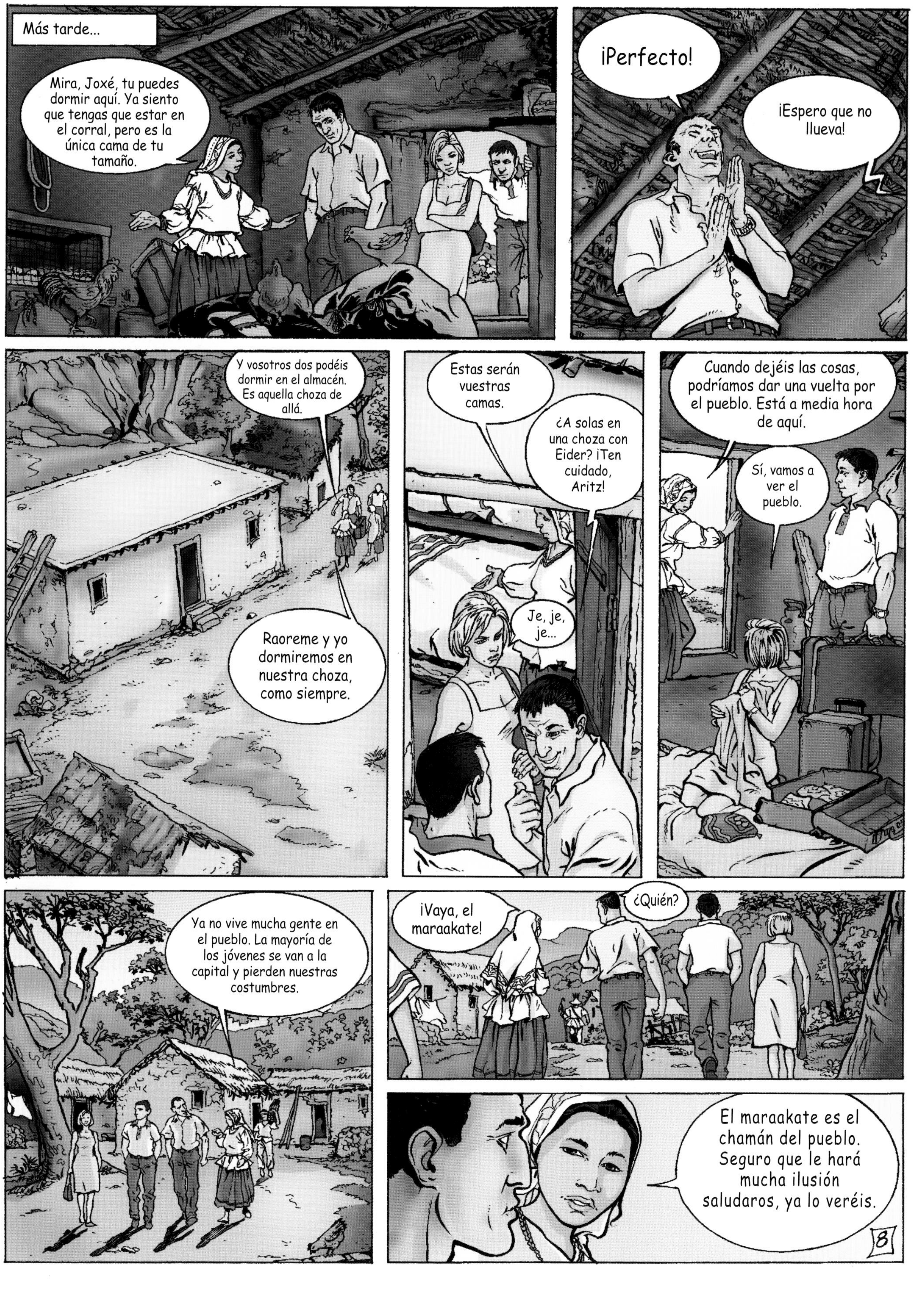

Más tarde...
Mira, Joxé, tu puedes dormir aquí. Ya siento que tengas que estar en el corral, pero es la única cama de tu tamaño.
¡Perfecto!
¡Espero que no llueva!
Y vosotros dos podéis dormir en el almacén. Es aquella choza de allá.
Raoreme y yo dormiremos en nuestra choza, como siempre.
Estas serán vuestras camas.
¿A solas en una choza con Eider? ¡Ten cuidado, Aritz!
Je, je, je...
Cuando dejéis las cosas, podríamos dar una vuelta por el pueblo. Está a media hora de aquí.
Sí, vamos a ver el pueblo.
Ya no vive mucha gente en el pueblo. La mayoría de los jóvenes se van a la capital y pierden nuestras costumbres.
¡Vaya, el maraakate!
¿Quién?
El maraakate es el chamán del pueblo. Seguro que le hará mucha ilusión saludaros, ya lo veréis.
8

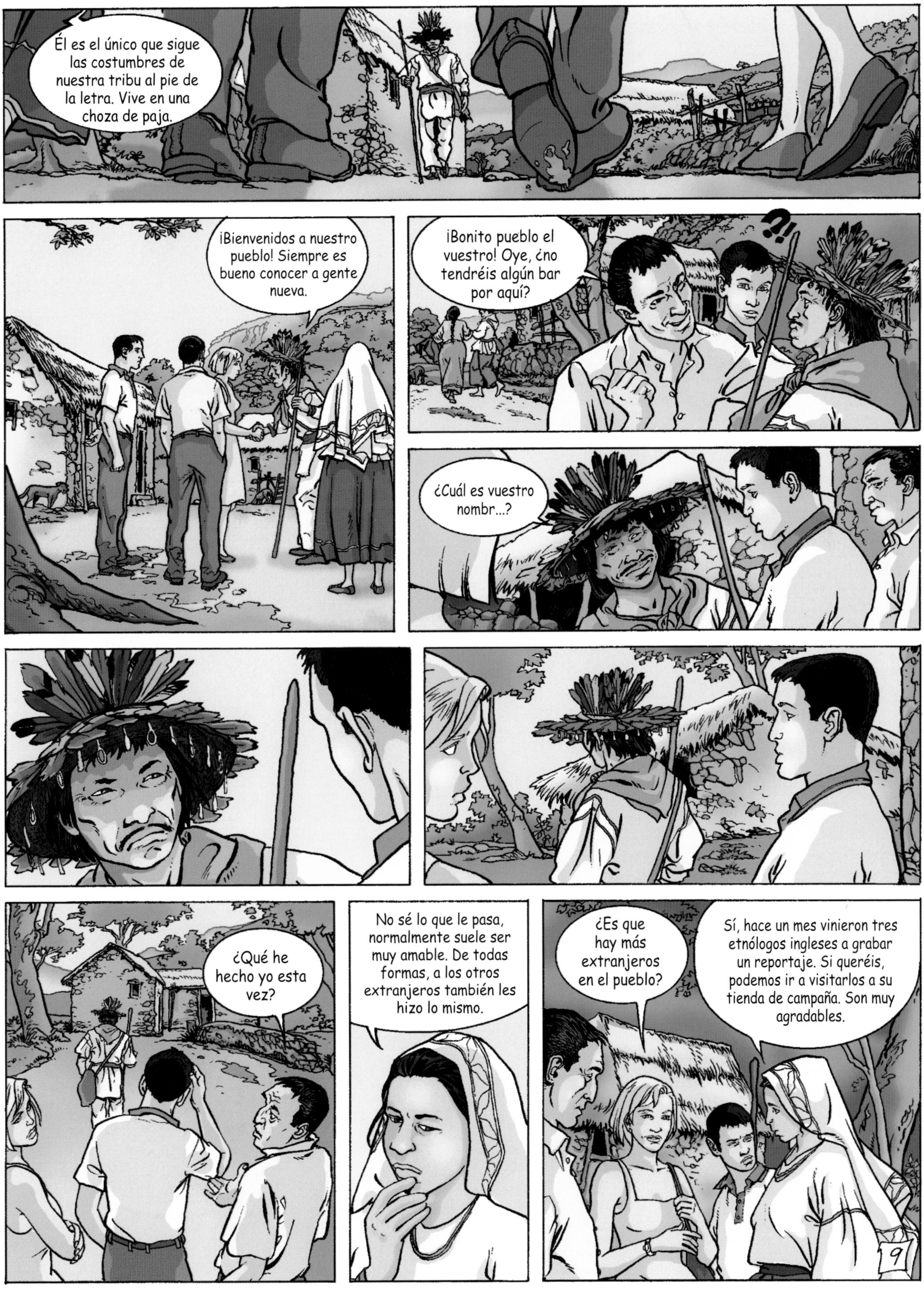
Él es el único que sigue las costumbres de nuestra tribu al pie de la letra. Vive en una choza de paja.
¡Bienvenidos a nuestro pueblo! Siempre es bueno conocer a gente nueva.
¡Bonito pueblo el vuestro! Oye, ¿no tendréis algún bar por aquí?
?!
¿Cuál es vuestro nombr...?
¿Qué he hecho yo esta vez?
No sé lo que le pasa, normalmente suele ser muy amable. De todas formas, a los otros extranjeros también les hizo lo mismo.
¿Es que hay más extranjeros en el pueblo?
Sí, hace un mes vinieron tres etnólogos ingleses a grabar un reportaje. Si queréis, podemos ir a visitarlos a su tienda de campaña. Son muy agradables.
9

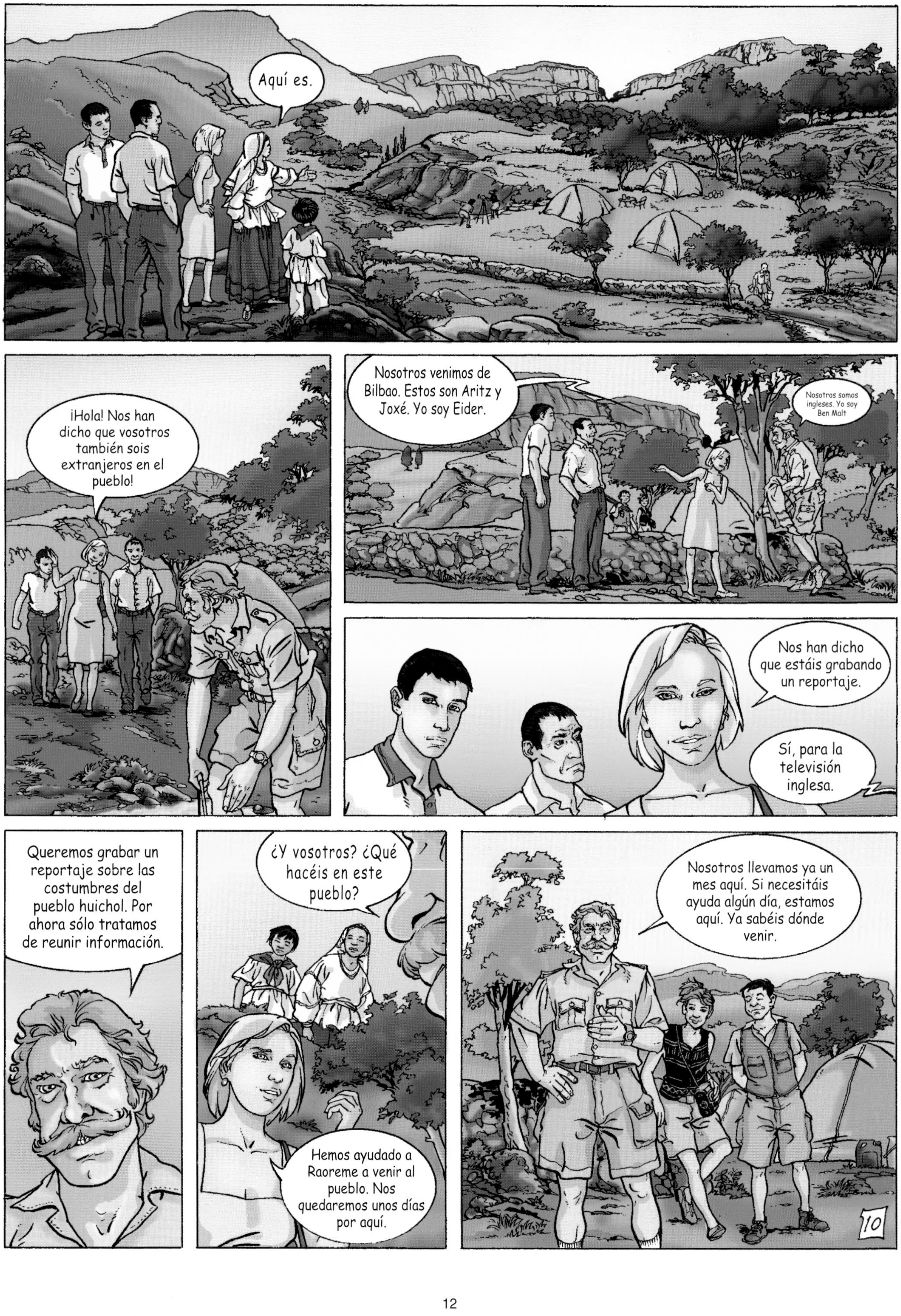
Aquí es.
¡Hola! Nos han dicho que vosotros también sois extranjeros en el pueblo!
Nosotros venimos de Bilbao. Estos son Aritz y Joxé. Yo soy Eider.
Nosotros somos ingleses. Yo soy Ben Malt
Nos han dicho que estáis grabando un reportaje.
Sí, para la televisión inglesa.
Queremos grabar un reportaje sobre las costumbres del pueblo huichol. Por ahora sólo tratamos de reunir información.
¿Y vosotros? ¿Qué hacéis en este pueblo?
Hemos ayudado a Raoreme a venir al pueblo. Nos quedaremos unos días por aquí.
Nosotros llevamos ya un mes aquí. Si necesitáis ayuda algún día, estamos aquí. Ya sabéis dónde venir.
10

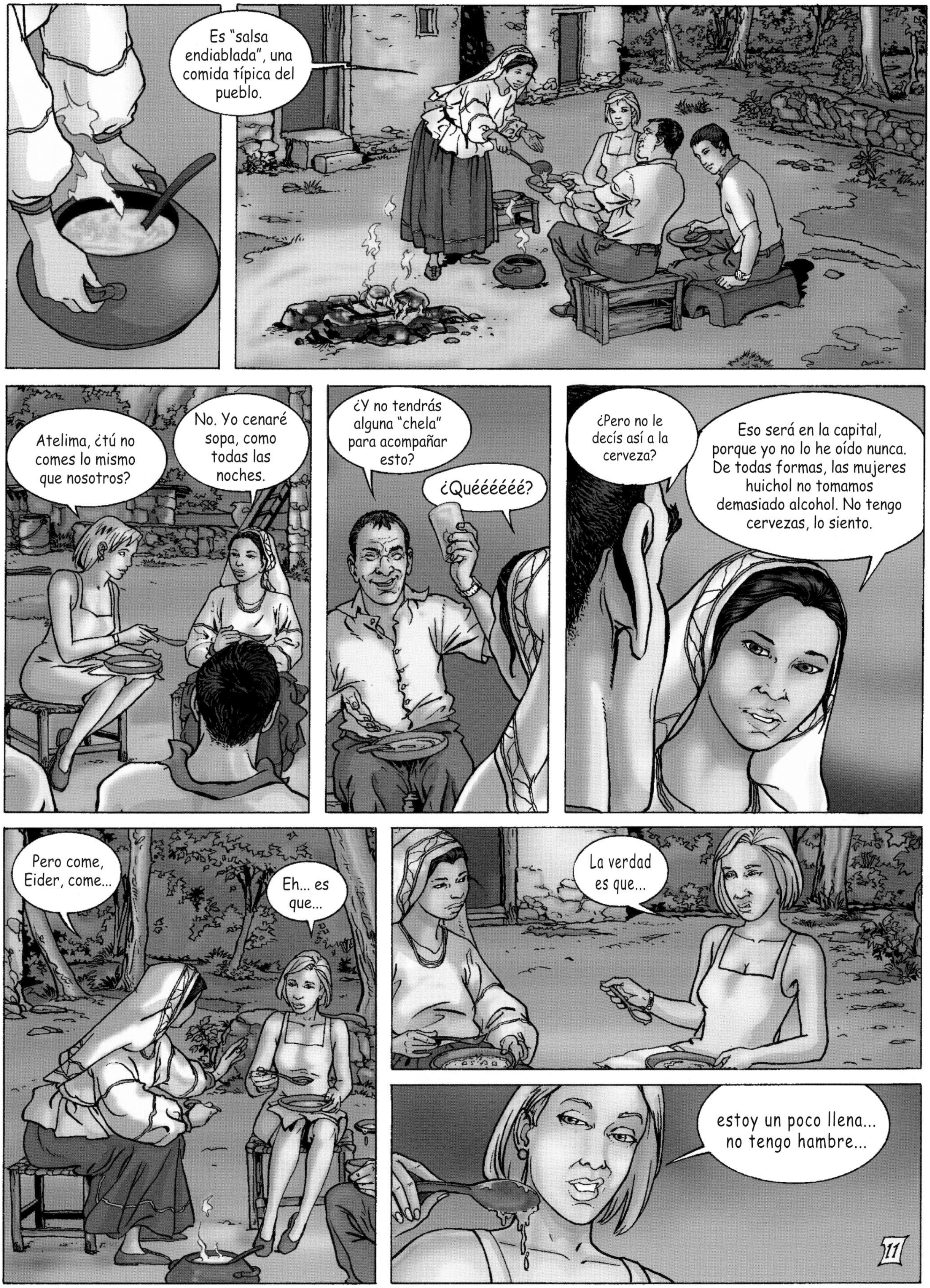
Es "salsa endiablada", una comida típica del pueblo.
Atelima, ¿tú no comes lo mismo que nosotros?
No. Yo cenaré sopa, como todas las noches.
¿Y no tendrás alguna "chela" para acompañar esto?
¿Quéééééé?
¿Pero no le decís así a la cerveza?
Eso será en la capital, porque yo no lo he oído nunca. De todas formas, las mujeres huichol no tomamos demasiado alcohol. No tengo cervezas, lo siento.
Pero come, Eider, come...
Eh... es que...
La verdad es que...
estoy un poco llena... no tengo hambre...
11

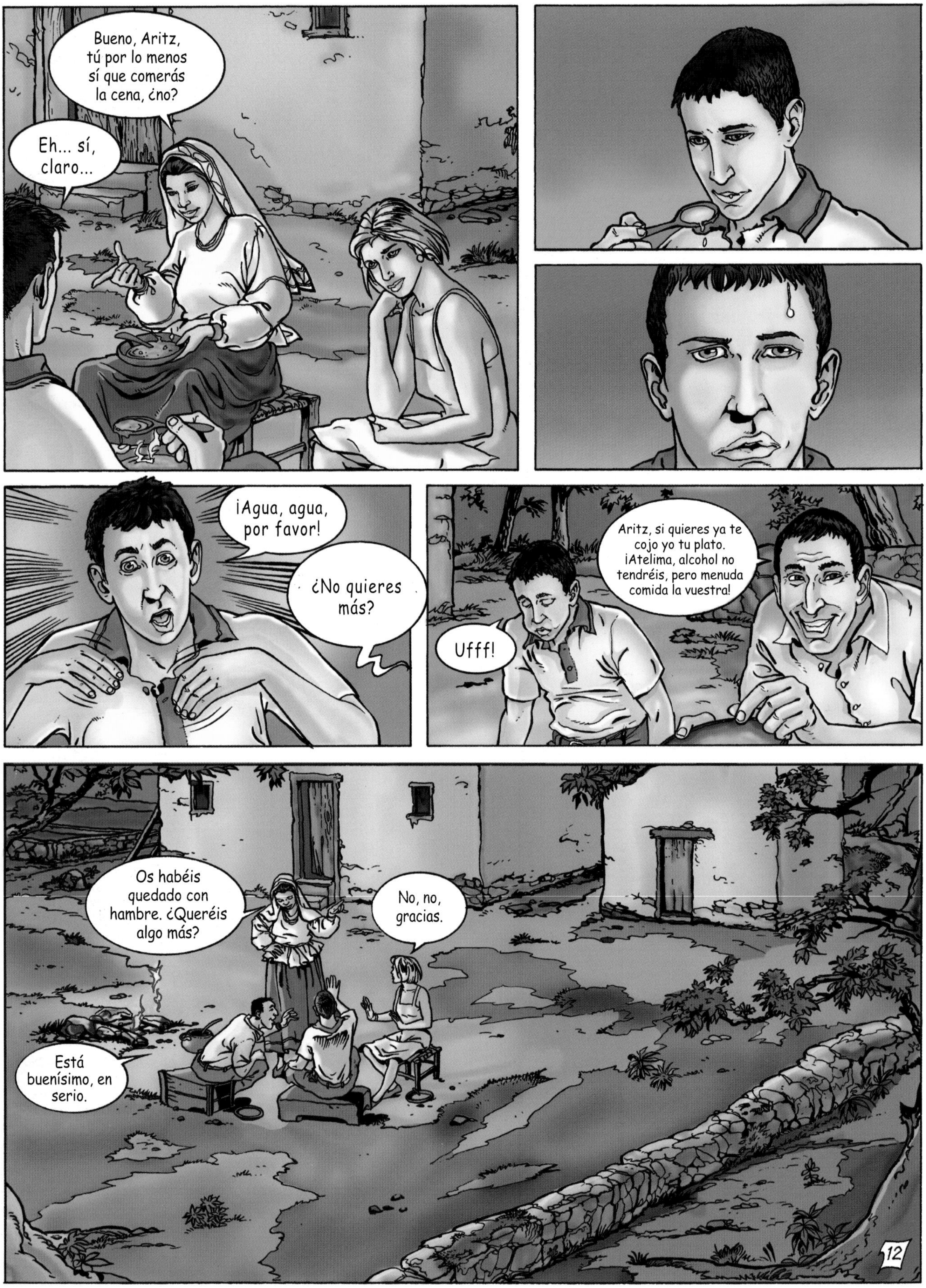

Bueno, Aritz, tú por lo menos sí que comerás la cena, ¿no?
Eh... sí, claro...
¡Agua, agua, por favor!
¿No quieres más?
Aritz, si quieres ya te cojo yo tu plato. ¡Atelima, alcohol no tendréis, pero menuda comida la vuestra!
Ufff!
Os habéis quedado con hambre. ¿Queréis algo más?
No, no, gracias.
Está buenísimo, en serio.
12

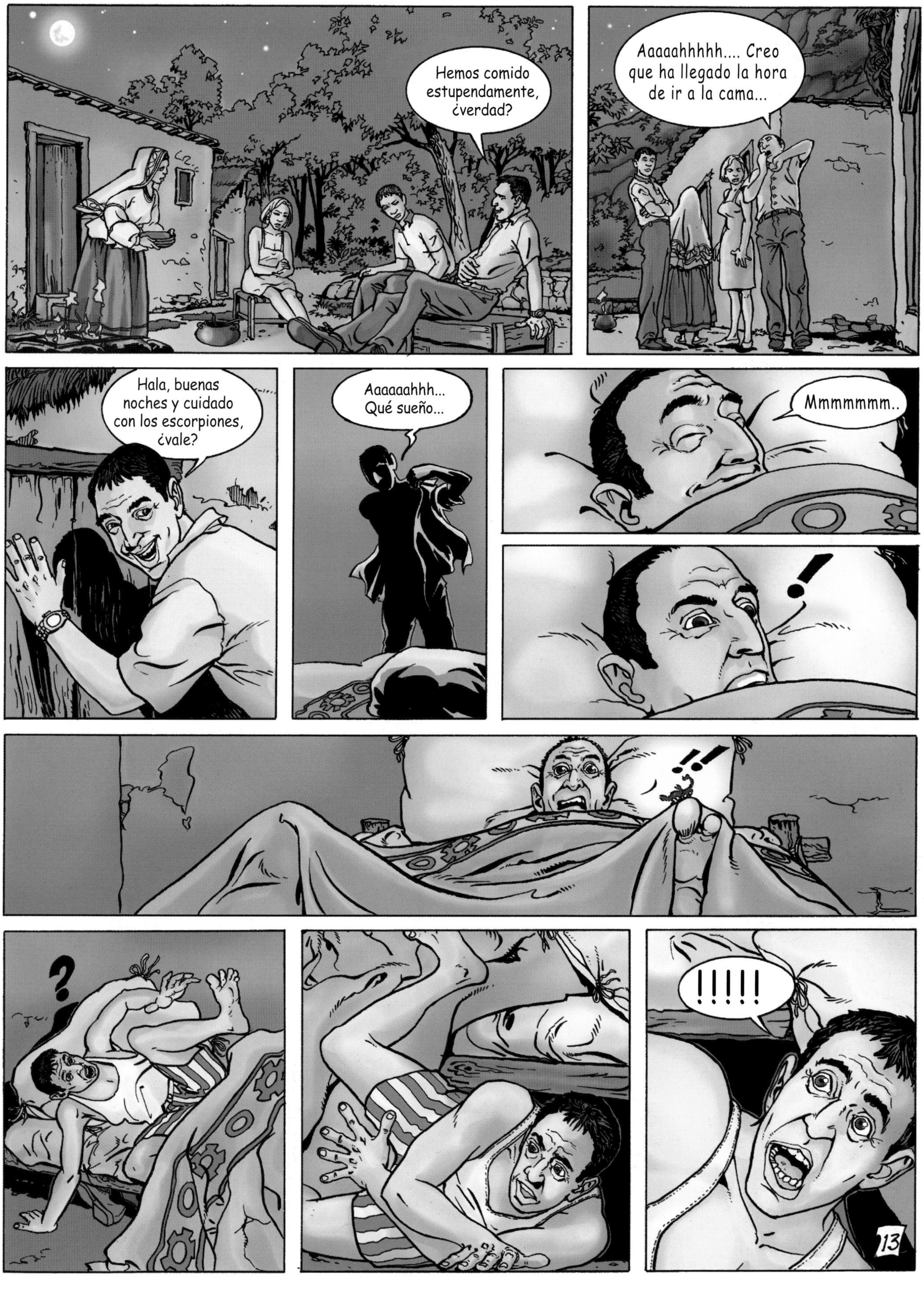
Hemos comido
estupendamente,
¿verdad?
Aaaaahhhhh.... Creo
que ha llegado la hora
de ir a la cama...
Hala, buenas
noches y cuidado
con los escorpiones,
¿vale?
Aaaaaahhh...
Qué sueño...
Mmmmmmm..
!
!!
?
!!!!!
13

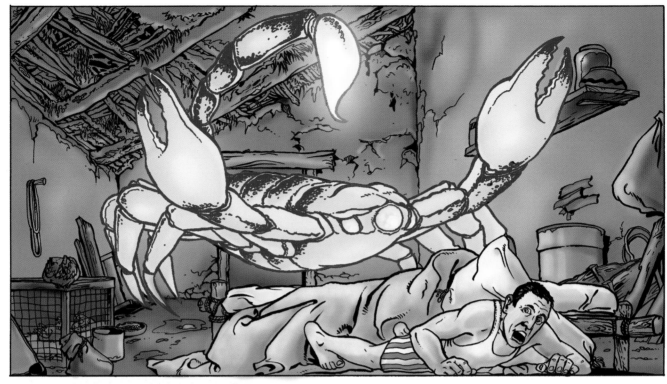

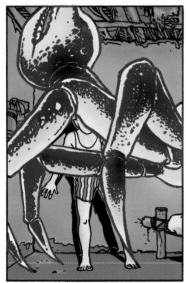

¡Abrid! ¡Abrid rápido!

¡No sabéis lo que hay en mi choza!

¡Vamos, arriba! ¡Que hay un escorpión gigante en mi choza!

¿Pero es que no os dais cuenta del peligro que corremos?

14

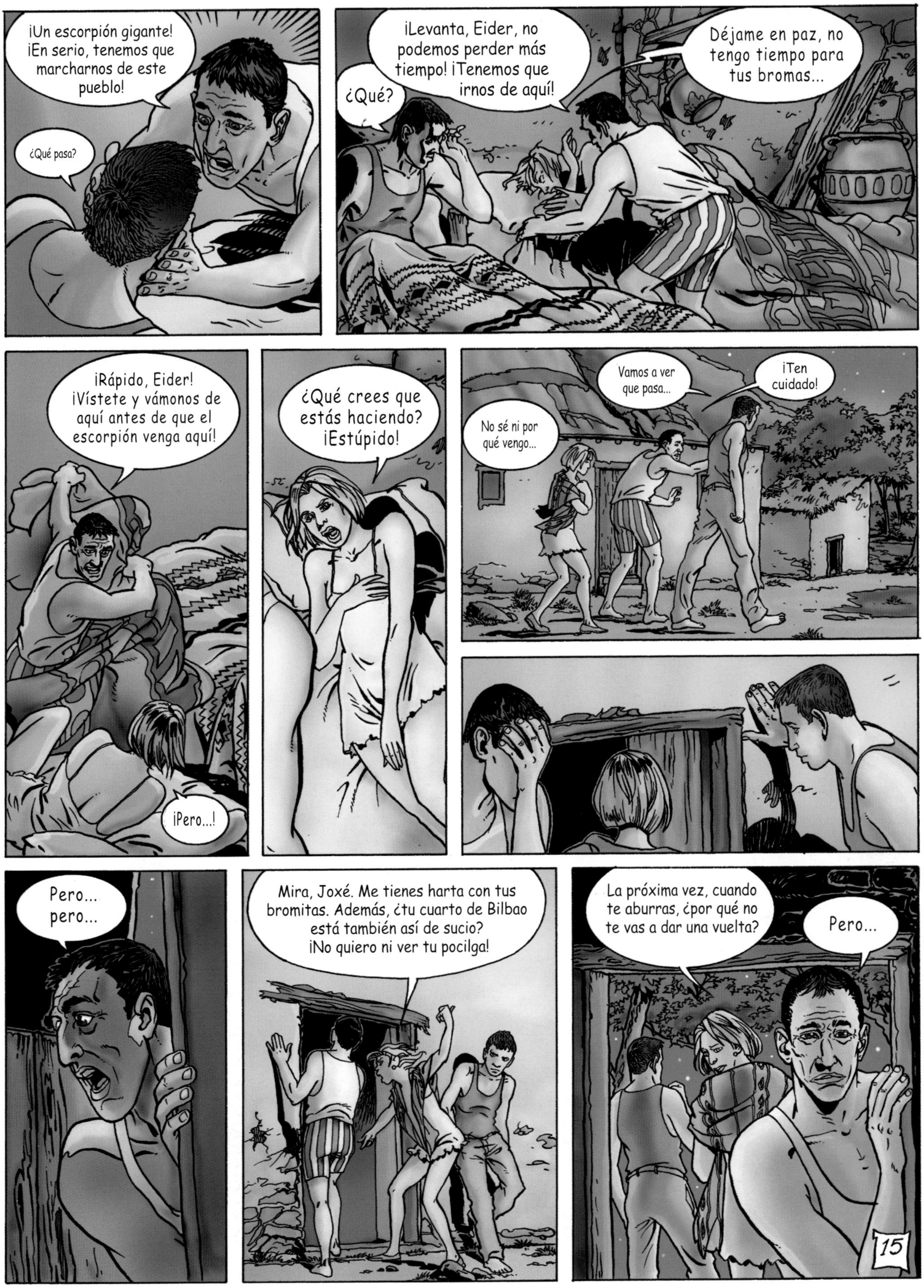
¡Un escorpión gigante! ¡En serio, tenemos que marcharnos de este pueblo!
¿Qué pasa?
¡Levanta, Eider, no podemos perder más tiempo! ¡Tenemos que irnos de aquí!
¿Qué?
Déjame en paz, no tengo tiempo para tus bromas...
¡Rápido, Eider! ¡Vístete y vámonos de aquí antes de que el escorpión venga aquí!
¡Pero...!
¿Qué crees que estás haciendo? ¡Estúpido!
No sé ni por qué vengo...
Vamos a ver que pasa...
¡Ten cuidado!
Pero... pero...
Mira, Joxé. Me tienes harta con tus bromitas. Además, ¿tu cuarto de Bilbao está también así de sucio? ¡No quiero ni ver tu pocilga!
La próxima vez, cuando te aburras, ¿por qué no te vas a dar una vuelta?
Pero...
15

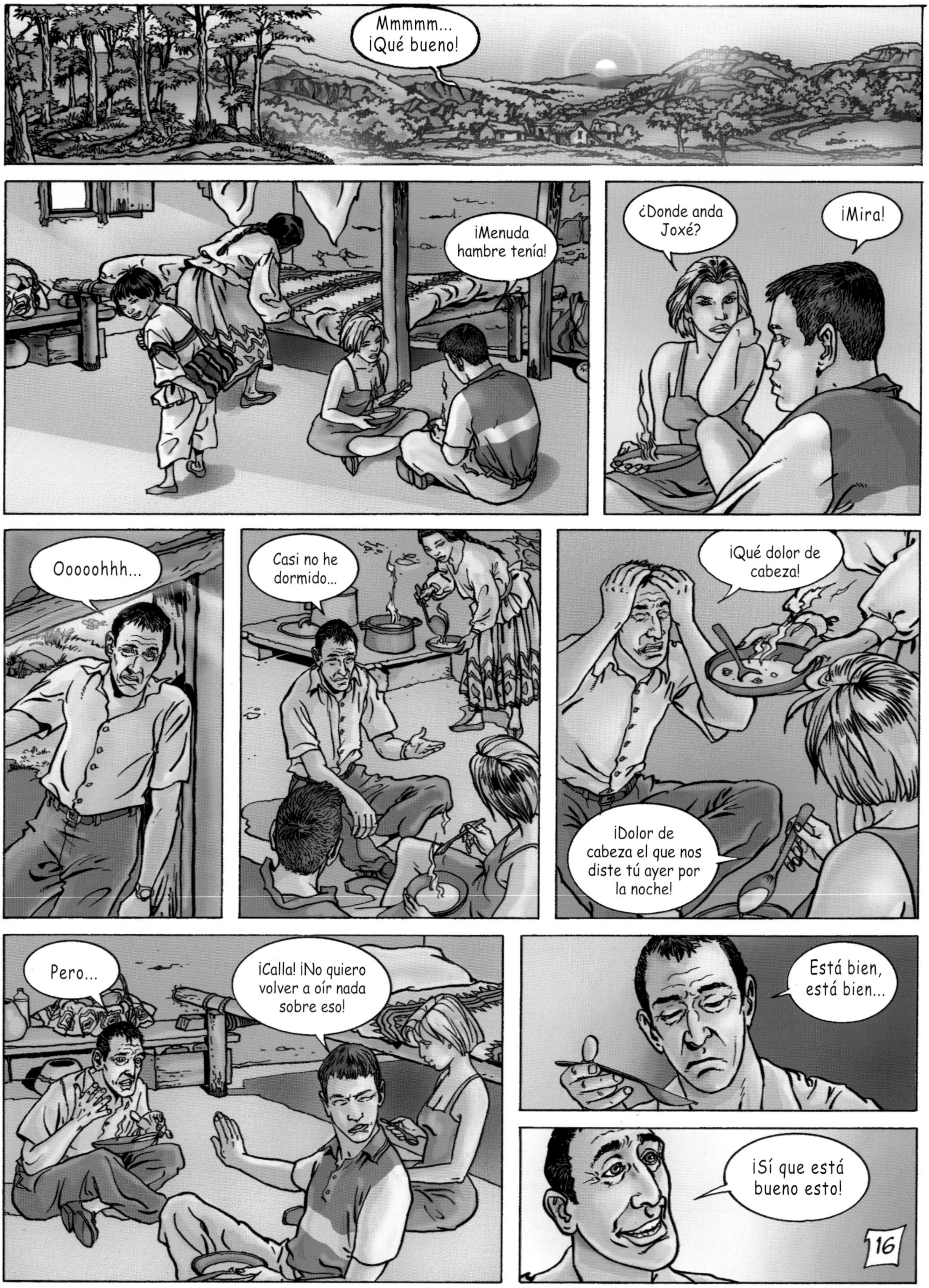
Mmmmm... ¡Qué bueno!
¡Menuda hambre tenía!
¿Donde anda Joxé?
¡Mira!
Ooooohhh...
Casi no he dormido...
¡Qué dolor de cabeza!
¡Dolor de cabeza el que nos diste tú ayer por la noche!
Pero...
¡Calla! ¡No quiero volver a oír nada sobre eso!
Está bien, está bien...
¡Sí que está bueno esto!
16

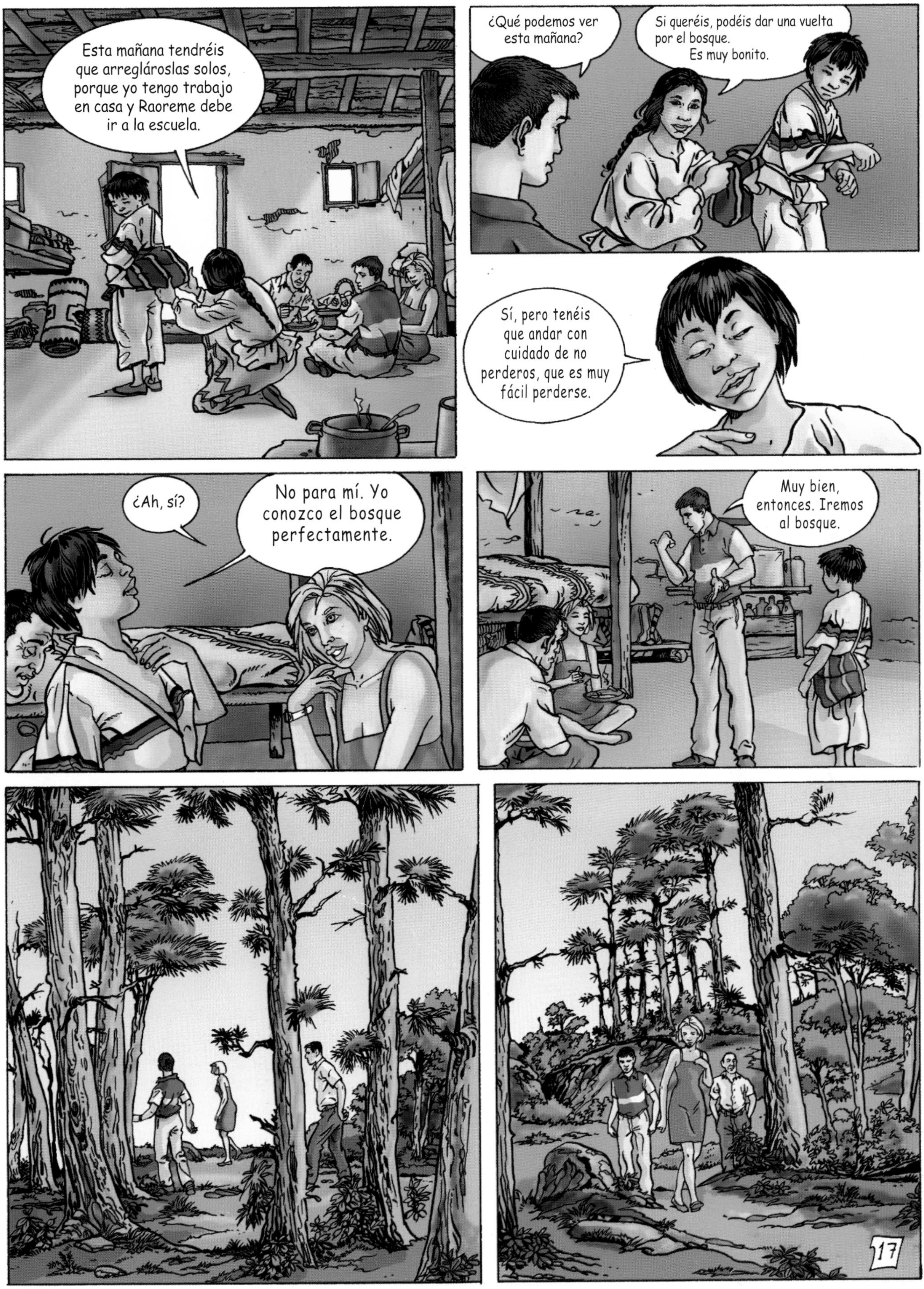
Esta mañana tendréis que arreglároslas solos, porque yo tengo trabajo en casa y Raoreme debe ir a la escuela.
¿Qué podemos ver esta mañana?
Si queréis, podéis dar una vuelta por el bosque.
Es muy bonito.
Sí, pero tenéis que andar con cuidado de no perderos, que es muy fácil perderse.
¿Ah, sí?
No para mí. Yo conozco el bosque perfectamente.
Muy bien, entonces. Iremos al bosque.
17

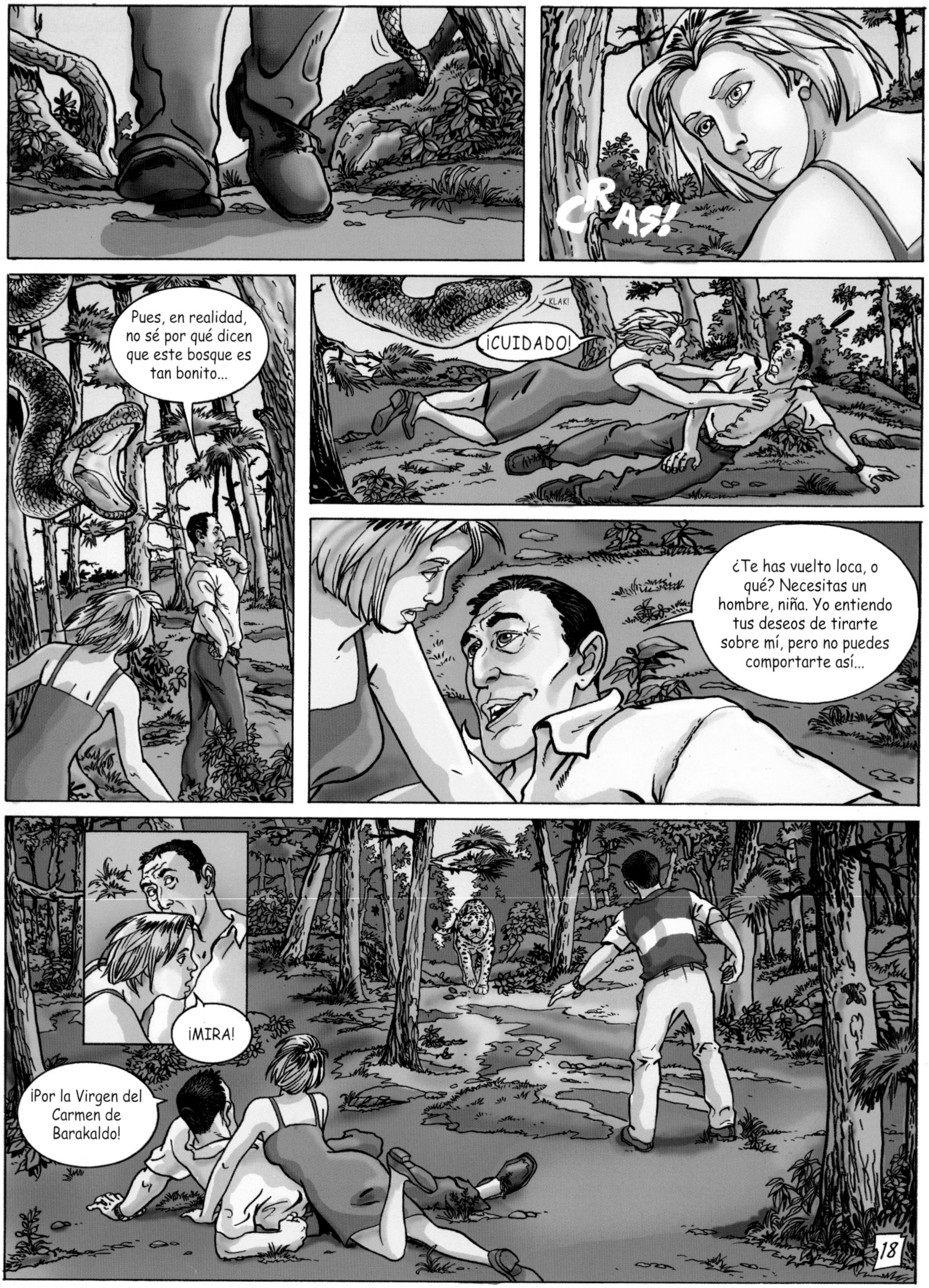
CRAS!
Pues, en realidad, no sé por qué dicen que este bosque es tan bonito...
KLAK!
¡CUIDADO!
¿Te has vuelto loca, o qué? Necesitas un hombre, niña. Yo entiendo tus deseos de tirarte sobre mí, pero no puedes comportarte así...
¡MIRA!
¡Por la Virgen del Carmen de Barakaldo!
18

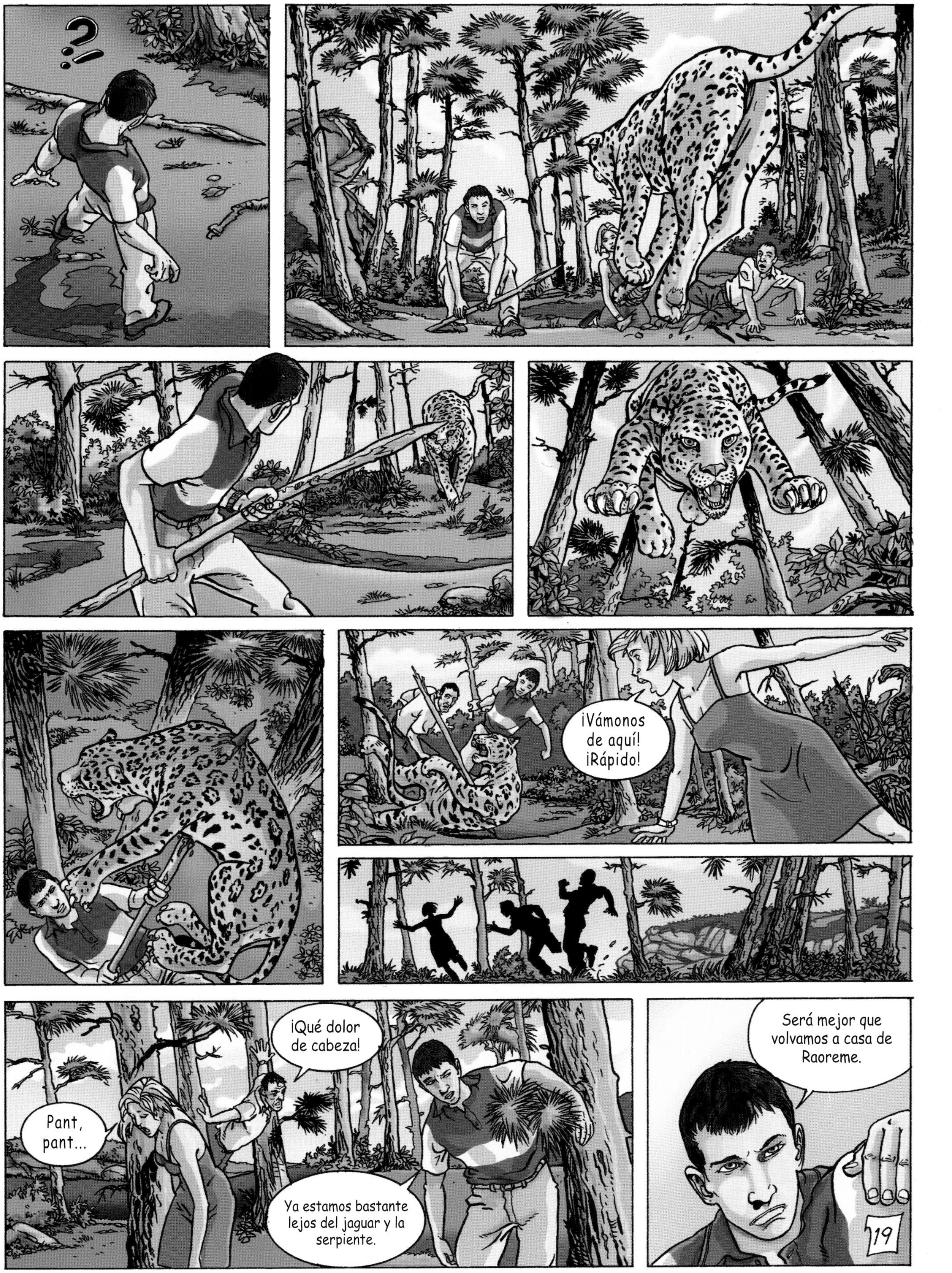
¡Vámonos
de aquí!
¡Rápido!
¡Qué dolor de cabeza!
Pant, pant...
Ya estamos bastante lejos del jaguar y la serpiente.
Será mejor que volvamos a casa de Raoreme.
19

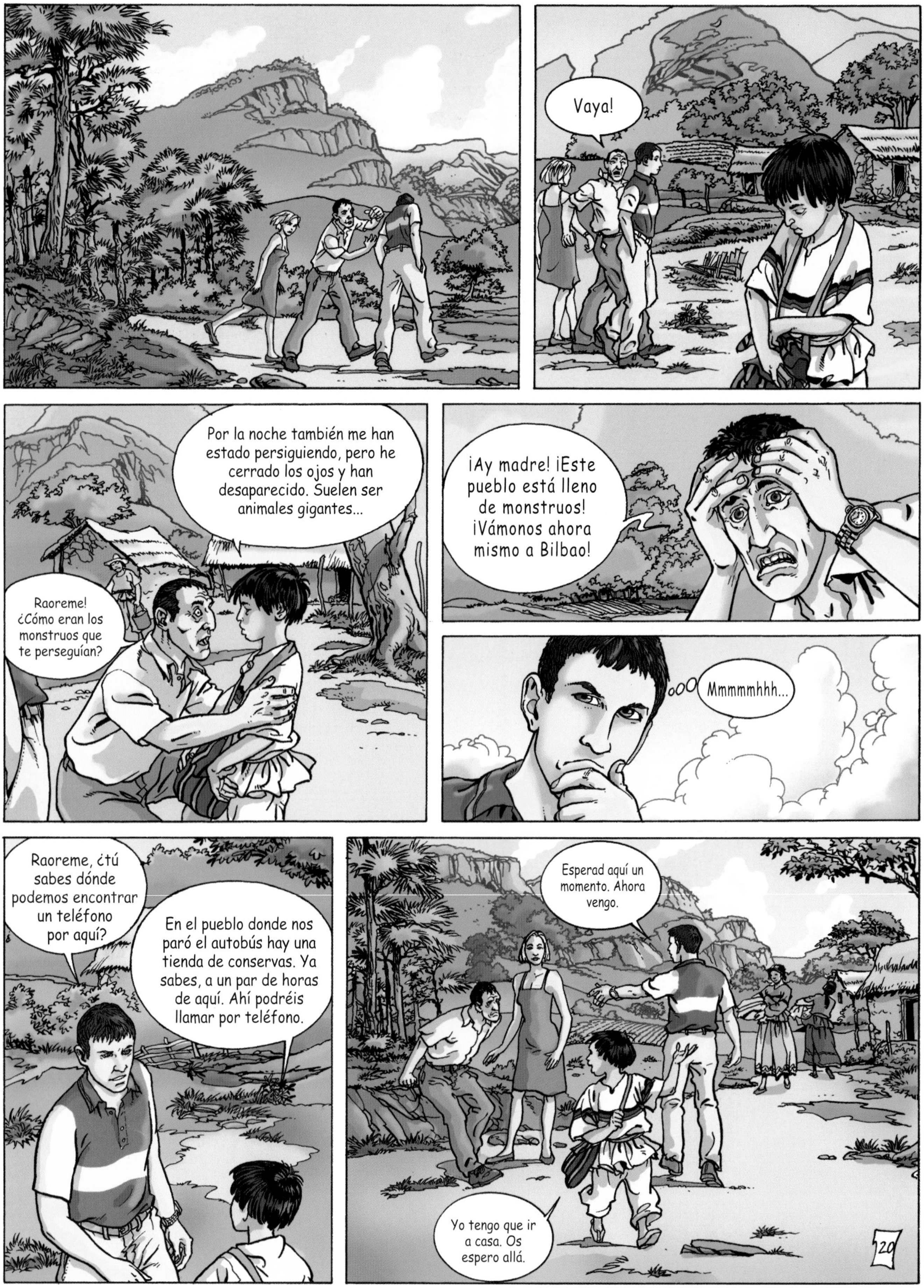
Vaya!
Por la noche también me han estado persiguiendo, pero he cerrado los ojos y han desaparecido. Suelen ser animales gigantes...
Raoreme! ¿Cómo eran los monstruos que te perseguían?
¡Ay madre! ¡Este pueblo está lleno de monstruos! ¡Vámonos ahora mismo a Bilbao!
Mmmmmhhh...
Raoreme, ¿tú sabes dónde podemos encontrar un teléfono por aquí?
En el pueblo donde nos paró el autobús hay una tienda de conservas. Ya sabes, a un par de horas de aquí. Ahí podréis llamar por teléfono.
Esperad aquí un momento. Ahora vengo.
Yo tengo que ir a casa. Os espero allá.
20

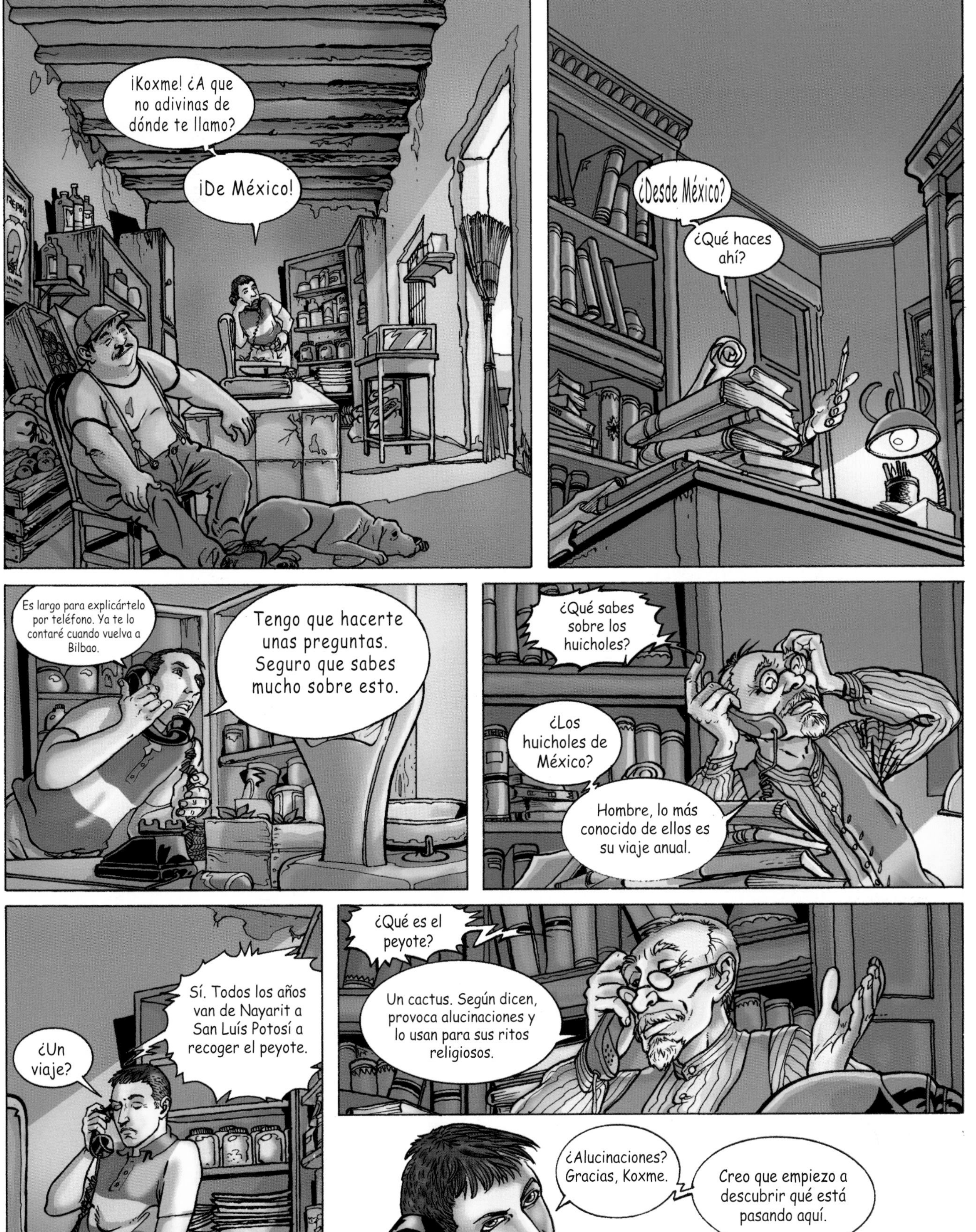
¡Koxme! ¿A que no adivinas de dónde te llamo?
¡De México!
¿Desde México?
¿Qué haces ahí?
Es largo para explicártelo por teléfono. Ya te lo contaré cuando vuelva a Bilbao.
Tengo que hacerte unas preguntas. Seguro que sabes mucho sobre esto.
¿Qué sabes sobre los huicholes?
¿Los huicholes de México?
Hombre, lo más conocido de ellos es su viaje anual.
¿Un viaje?
Sí. Todos los años van de Nayarit a San Luís Potosí a recoger el peyote.
¿Qué es el peyote?
Un cactus. Según dicen, provoca alucinaciones y lo usan para sus ritos religiosos.
¿Alucinaciones? Gracias, Koxme.
Creo que empiezo a descubrir qué está pasando aquí.
21

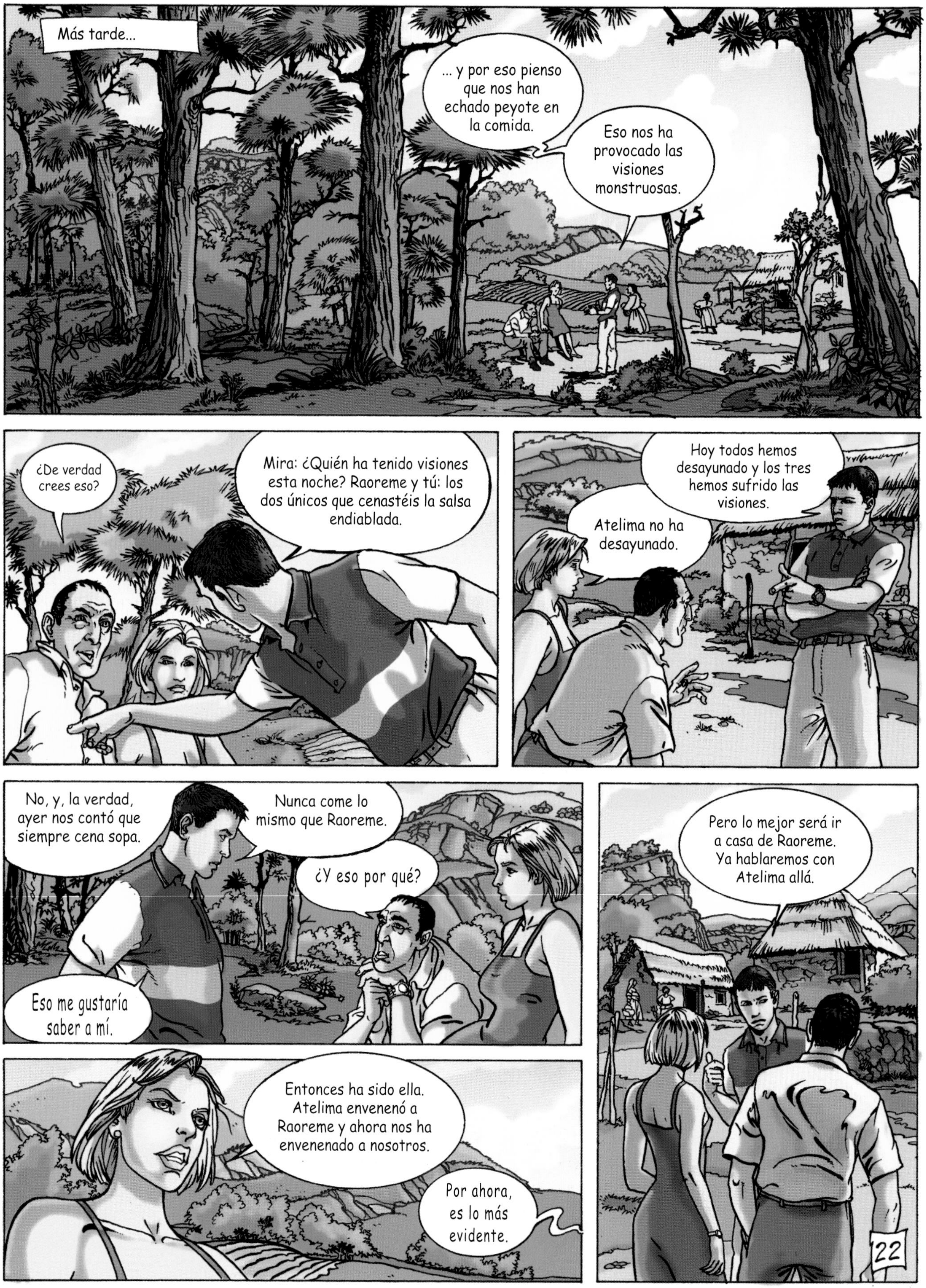
Más tarde...
... y por eso pienso que nos han echado peyote en la comida.
Eso nos ha provocado las visiones monstruosas.
¿De verdad crees eso?
Mira: ¿Quién ha tenido visiones esta noche? Raoreme y tú: los dos únicos que cenastéis la salsa endiablada.
Hoy todos hemos desayunado y los tres hemos sufrido las visiones.
Atelima no ha desayunado.
No, y, la verdad, ayer nos contó que siempre cena sopa.
Nunca come lo mismo que Raoreme.
¿Y eso por qué?
Eso me gustaría saber a mí.
Pero lo mejor será ir a casa de Raoreme. Ya hablaremos con Atelima allá.
22
Entonces ha sido ella. Atelima envenenó a Raoreme y ahora nos ha envenenado a nosotros.
Por ahora, es lo más evidente.

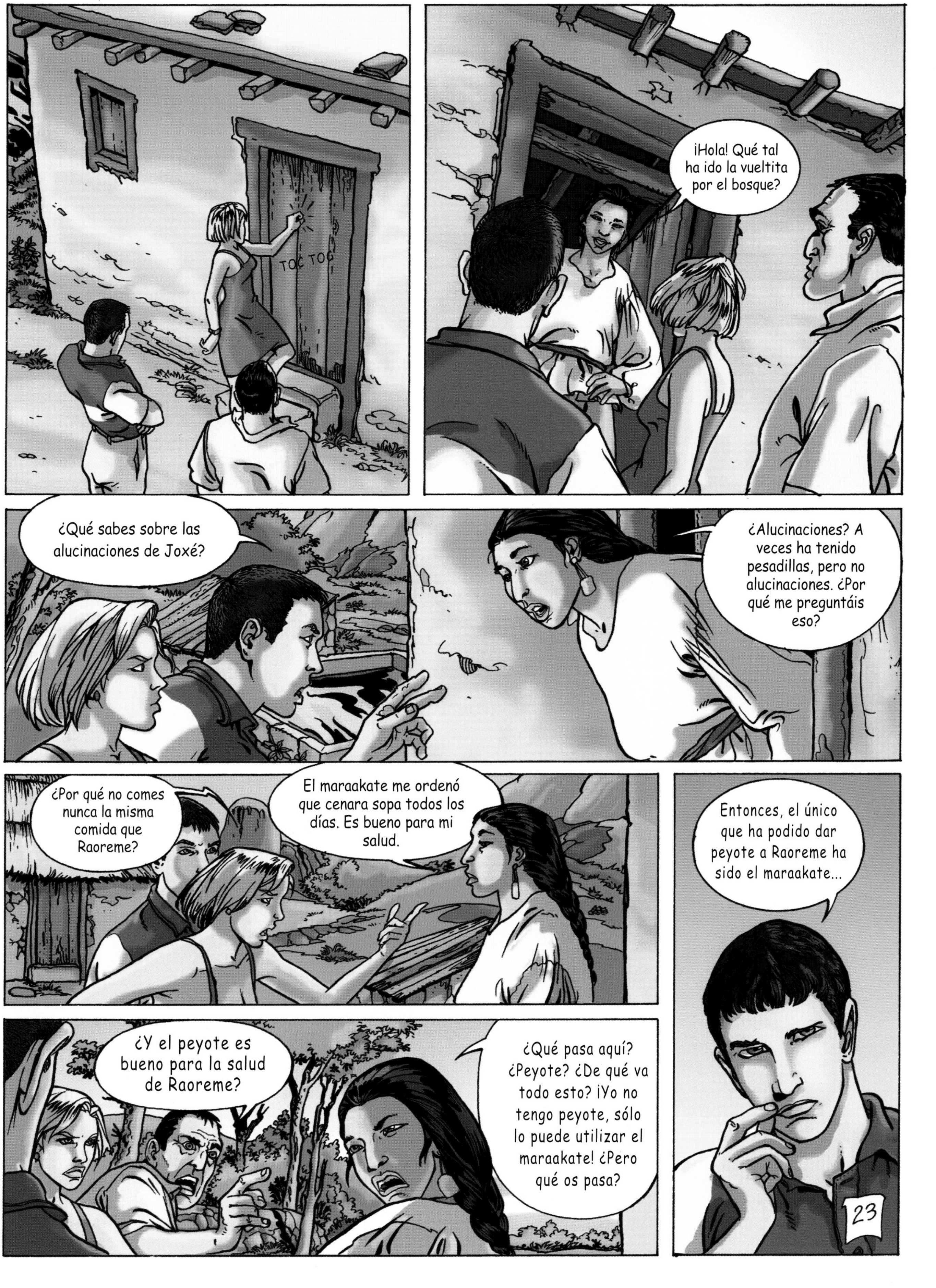
TOC TOC
¡Hola! Qué tal ha ido la vueltita por el bosque?
¿Qué sabes sobre las alucinaciones de Joxé?
¿Alucinaciones? A veces ha tenido pesadillas, pero no alucinaciones. ¿Por qué me preguntáis eso?
¿Por qué no comes nunca la misma comida que Raoreme?
El maraakate me ordenó que cenara sopa todos los días. Es bueno para mi salud.
Entonces, el único que ha podido dar peyote a Raoreme ha sido el maraakate...
¿Y el peyote es bueno para la salud de Raoreme?
¿Qué pasa aquí? ¿Peyote? ¿De qué va todo esto? ¡Yo no tengo peyote, sólo lo puede utilizar el maraakate! ¿Pero qué os pasa?
23

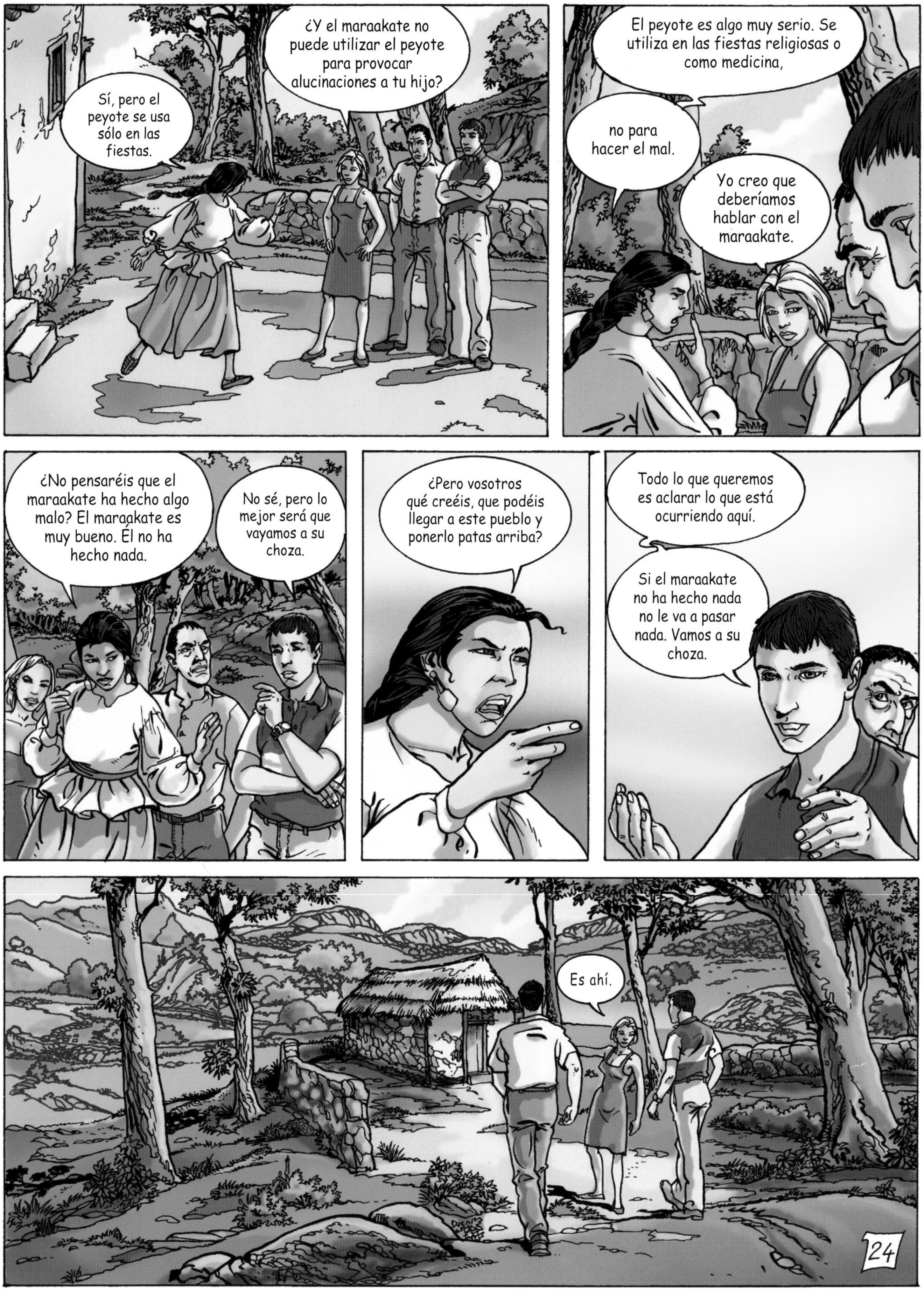
Sí, pero el peyote se usa sólo en las fiestas.
¿Y el maraakate no puede utilizar el peyote para provocar alucinaciones a tu hijo?
El peyote es algo muy serio. Se utiliza en las fiestas religiosas o como medicina,
no para hacer el mal.
Yo creo que deberíamos hablar con el maraakate.
¿No pensaréis que el maraakate ha hecho algo malo? El maraakate es muy bueno. Él no ha hecho nada.
No sé, pero lo mejor será que vayamos a su choza.
¿Pero vosotros qué creéis, que podéis llegar a este pueblo y ponerlo patas arriba?
Todo lo que queremos es aclarar lo que está ocurriendo aquí.
Si el maraakate no ha hecho nada no le va a pasar nada. Vamos a su choza.
Es ahí.
24

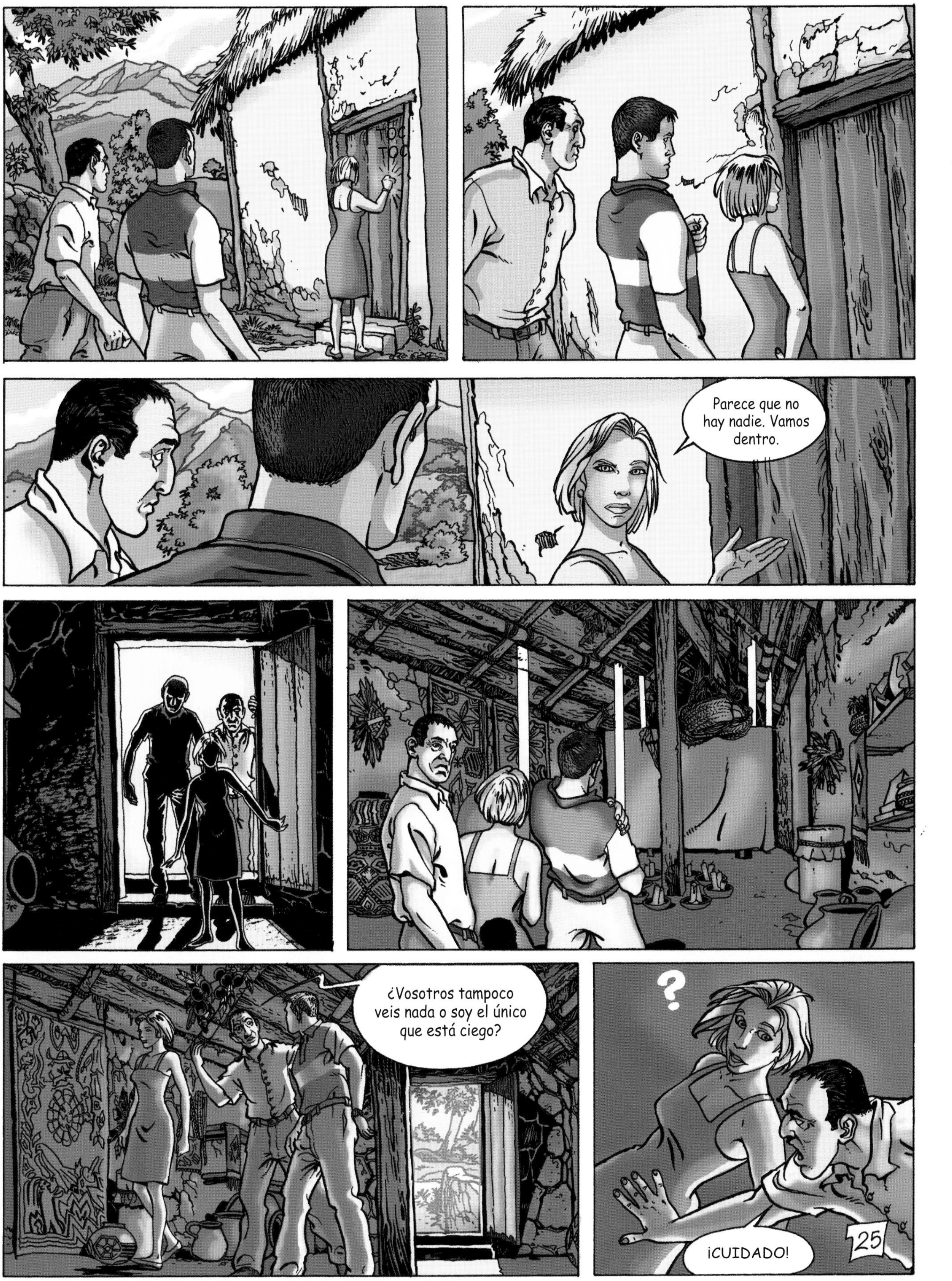
TOC TOC
Parece que no hay nadie. Vamos dentro.
¿Vosotros tampoco veis nada o soy el único que está ciego?
?
¡CUIDADO!
25

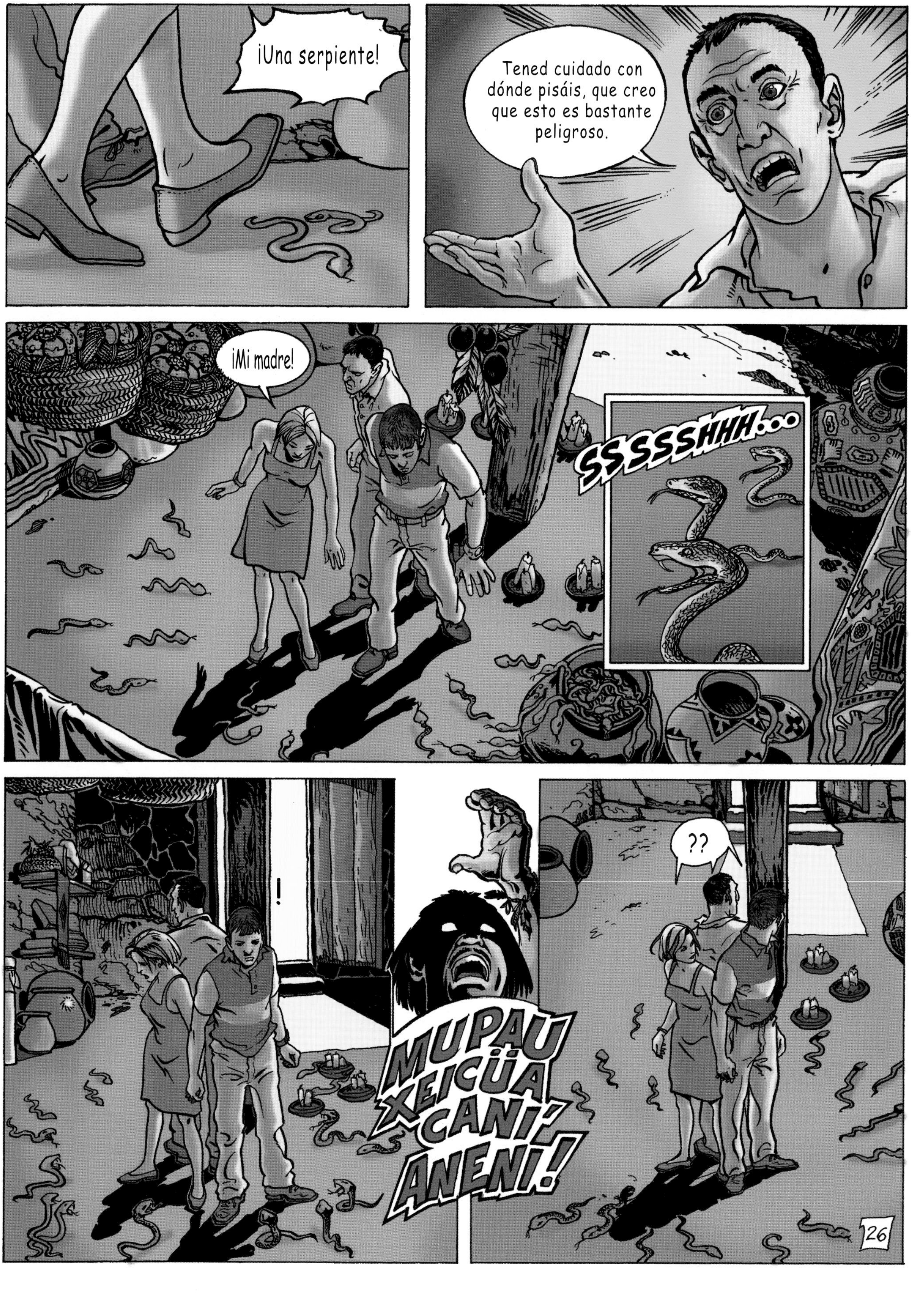

¡Una serpiente!
Tened cuidado con dónde pisáis, que creo que esto es bastante peligroso.
¡Mi madre!
SSSSSHHH...
!
MUPAU XEICÜA CANI ANENI!
??
26

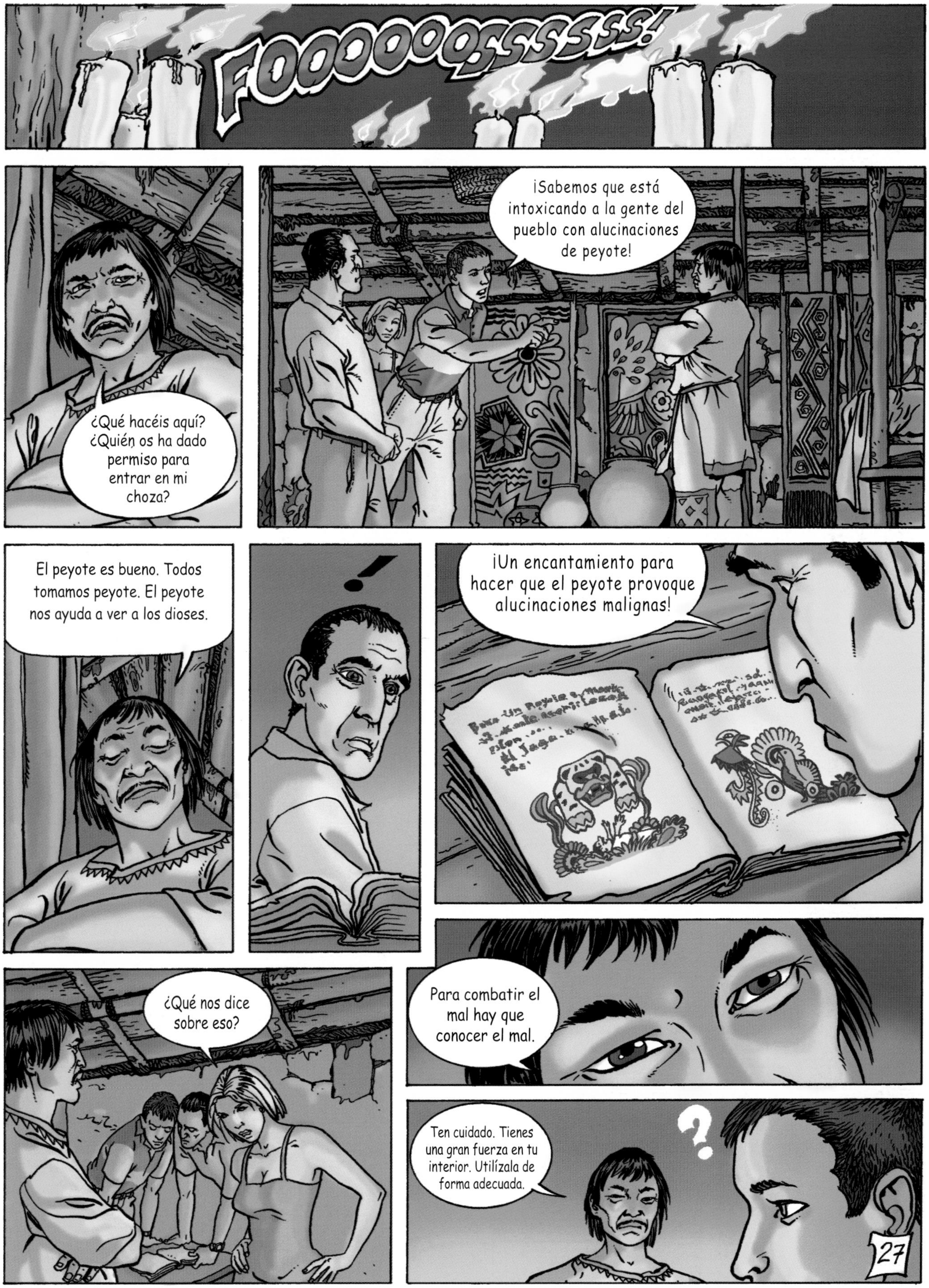
FOOOOOOSSSSSS!
¿Qué hacéis aquí? ¿Quién os ha dado permiso para entrar en mi choza?
¡Sabemos que está intoxicando a la gente del pueblo con alucinaciones de peyote!
El peyote es bueno. Todos tomamos peyote. El peyote nos ayuda a ver a los dioses.
!
¡Un encantamiento para hacer que el peyote provoque alucinaciones malignas!
¿Qué nos dice sobre eso?
Para combatir el mal hay que conocer el mal.
Ten cuidado. Tienes una gran fuerza en tu interior. Utilízala de forma adecuada.
?
27

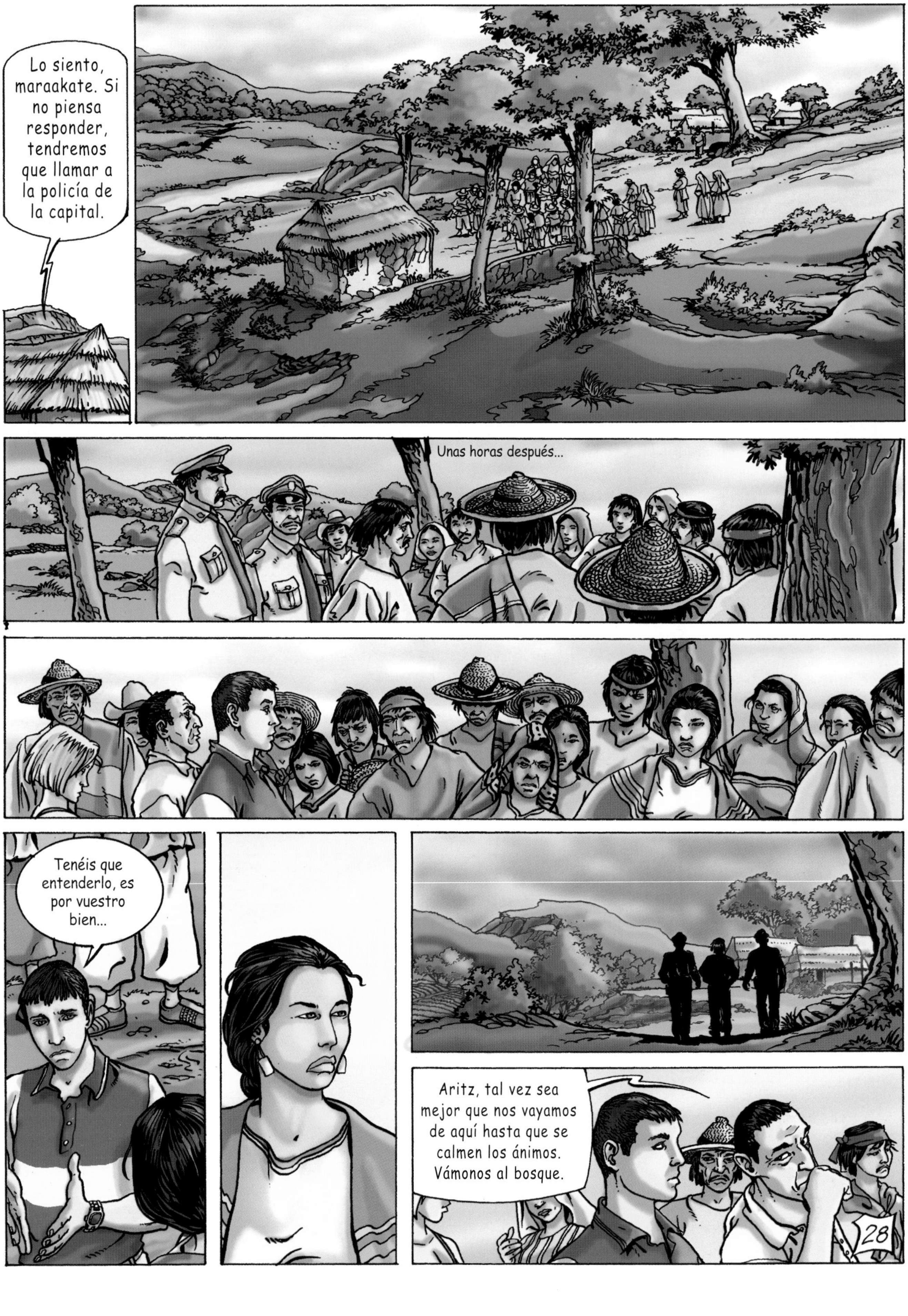
Lo siento, maraakate. Si no piensa responder, tendremos que llamar a la policía de la capital.
Unas horas después...
Tenéis que entenderlo, es por vuestro bien...
Aritz, tal vez sea mejor que nos vayamos de aquí hasta que se calmen los ánimos. Vámonos al bosque.
28

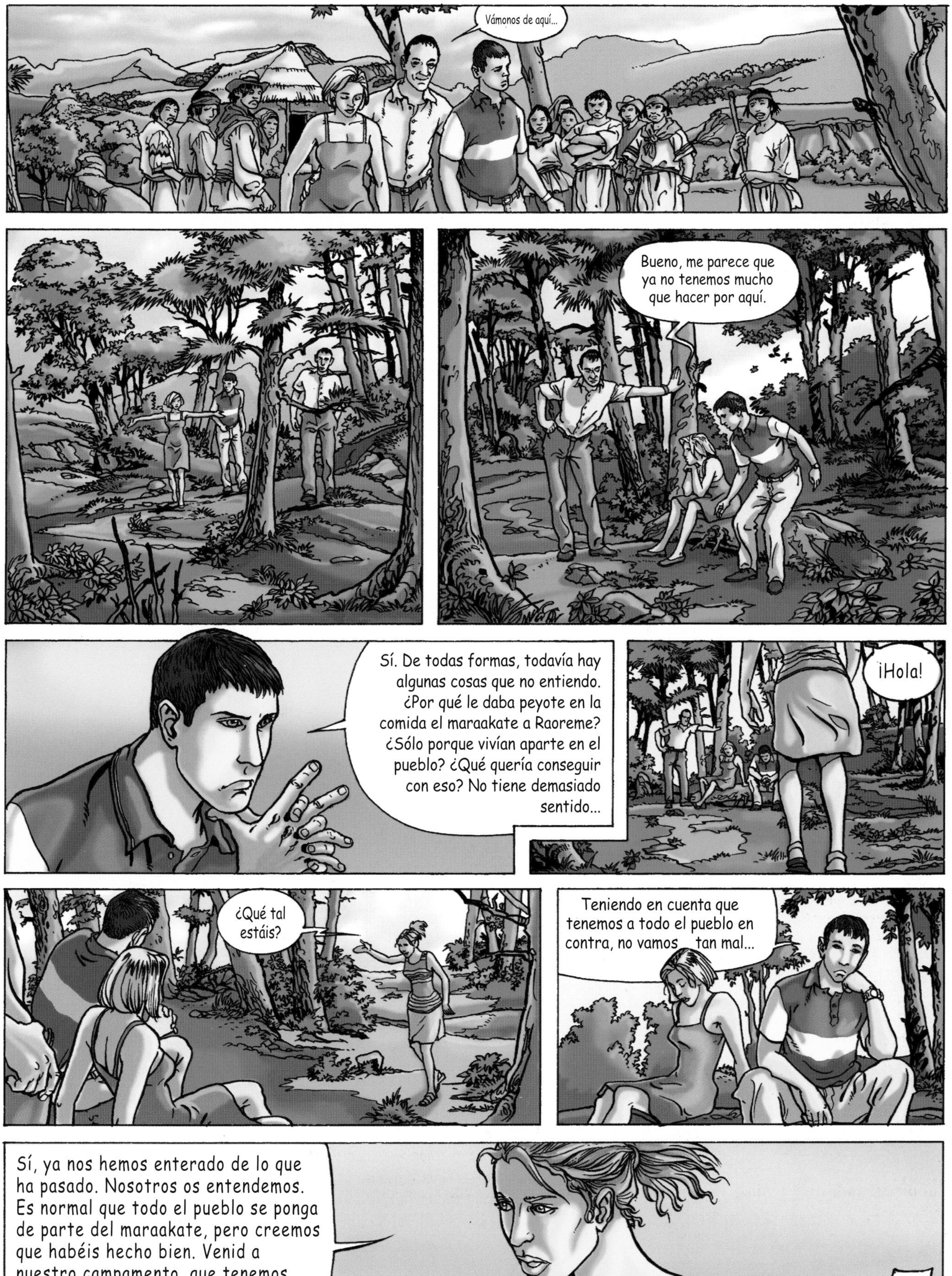
Vámonos de aquí...
Bueno, me parece que ya no tenemos mucho que hacer por aquí.
Sí. De todas formas, todavía hay algunas cosas que no entiendo. ¿Por qué le daba peyote en la comida el maraakate a Raoreme? ¿Sólo porque vivían aparte en el pueblo? ¿Qué quería conseguir con eso? No tiene demasiado sentido...
¡Hola!
¿Qué tal estáis?
Teniendo en cuenta que tenemos a todo el pueblo en contra, no vamos tan mal...
Sí, ya nos hemos enterado de lo que ha pasado. Nosotros os entendemos. Es normal que todo el pueblo se ponga de parte del maraakate, pero creemos que habéis hecho bien. Venid a nuestro campamento, que tenemos algo que contaros.
29

Nosotros también hemos tenido alucinaciones. Vimos a monstruos gigantes que nos perseguían.

¿Lo veis? Ese maraakate nos ha provocado alucinaciones a todos los que somos diferentes. ¡Quiere limpiar el pueblo de extranjeros!

Atelima nos contó que el maraakate os hizo una bienvenida muy desagradable.

Sí. Nada más vernos, se dio la vuelta y se fue sin decir nada.

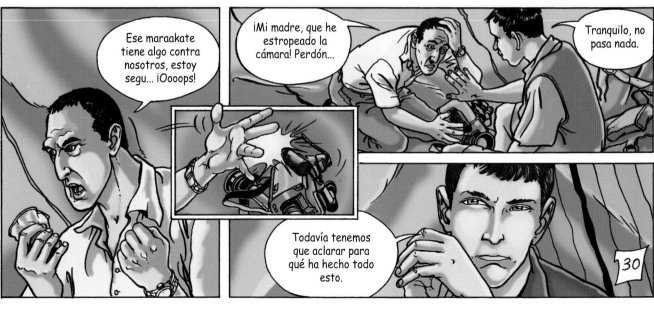

Ese maraakate tiene algo contra nosotros, estoy segu... ¡Oooops!

¡Mi madre, que he estropeado la cámara! Perdón...

Tranquilo, no pasa nada.

Todavía tenemos que aclarar para qué ha hecho todo esto.

30

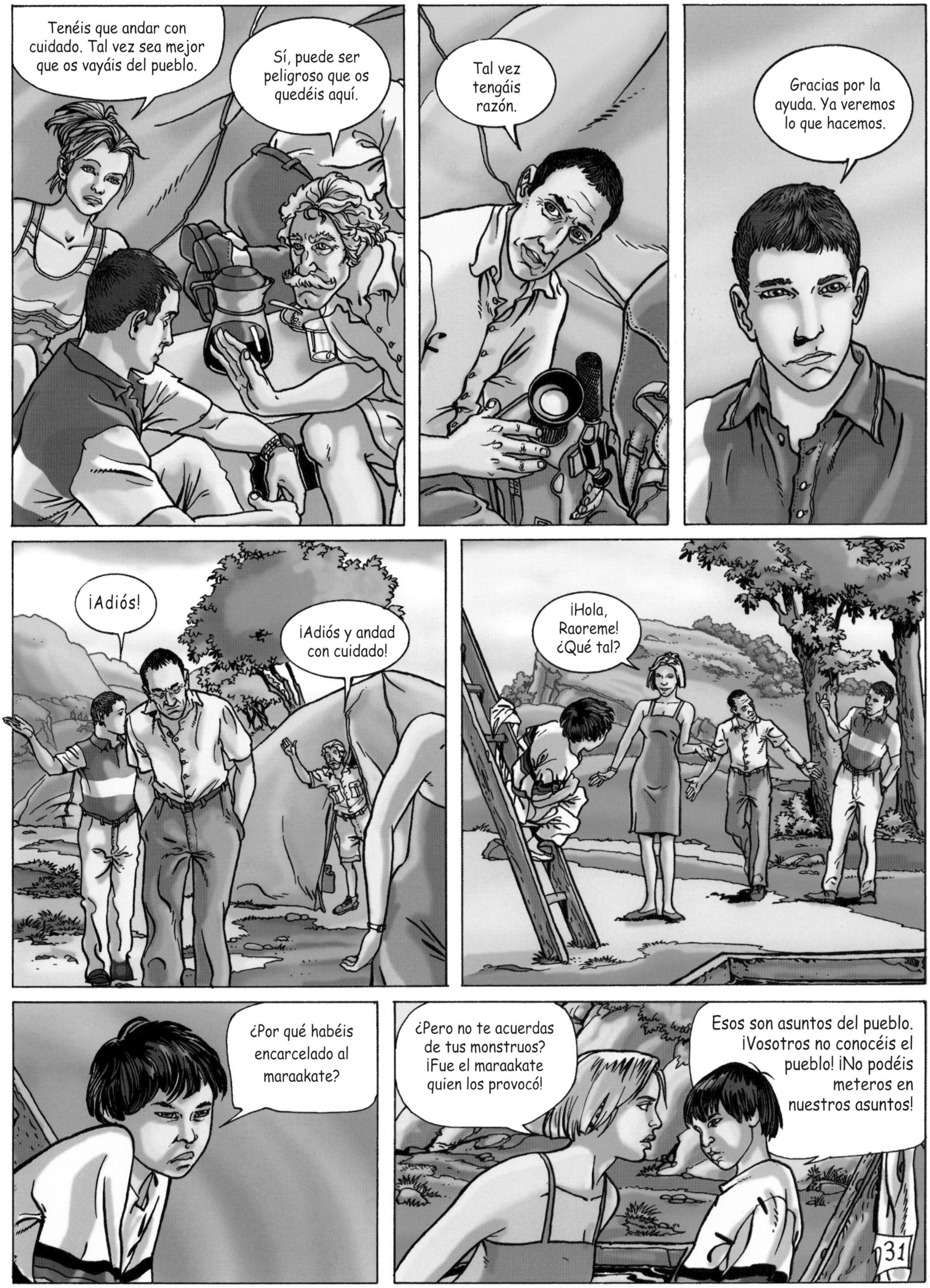
Tenéis que andar con cuidado. Tal vez sea mejor que os vayáis del pueblo.
Sí, puede ser peligroso que os quedéis aquí.
Tal vez tengáis razón.
Gracias por la ayuda. Ya veremos lo que hacemos.
¡Adiós!
¡Adiós y andad con cuidado!
¡Hola, Raoreme! ¿Qué tal?
¿Por qué habéis encarcelado al maraakate?
¿Pero no te acuerdas de tus monstruos? ¡Fue el maraakate quien los provocó!
Esos son asuntos del pueblo. ¡Vosotros no conocéis el pueblo! ¡No podéis meteros en nuestros asuntos!
31

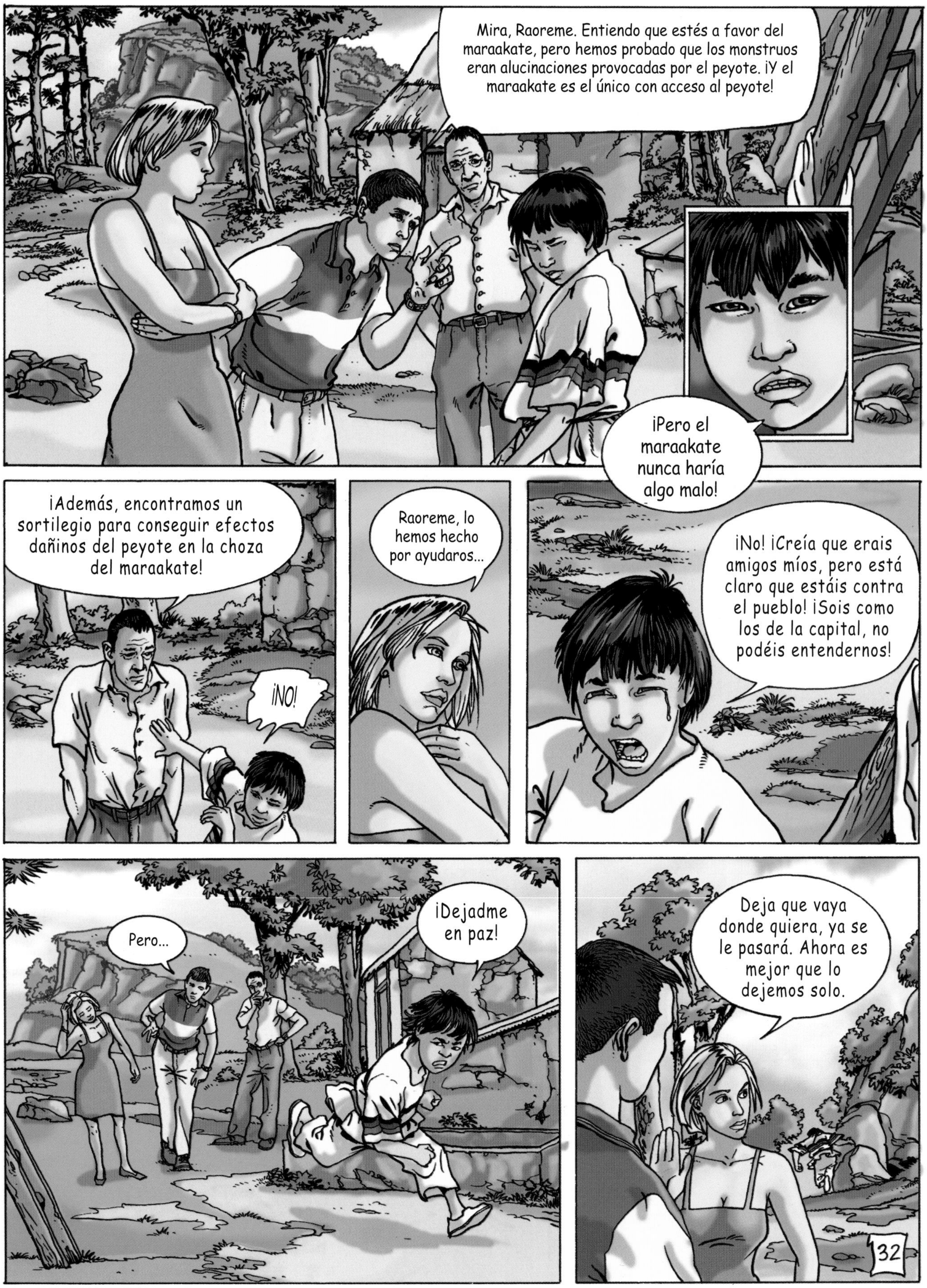
Mira, Raoreme. Entiendo que estés a favor del maraakate, pero hemos probado que los monstruos eran alucinaciones provocadas por el peyote. ¡Y el maraakate es el único con acceso al peyote!
¡Pero el maraakate nunca haría algo malo!
¡Además, encontramos un sortilegio para conseguir efectos dañinos del peyote en la choza del maraakate!
¡NO!
Raoreme, lo hemos hecho por ayudaros...
¡No! ¡Creía que erais amigos míos, pero está claro que estáis contra el pueblo! ¡Sois como los de la capital, no podéis entendernos!
Pero...
¡Dejadme en paz!
Deja que vaya donde quiera, ya se le pasará. Ahora es mejor que lo dejemos solo.
32

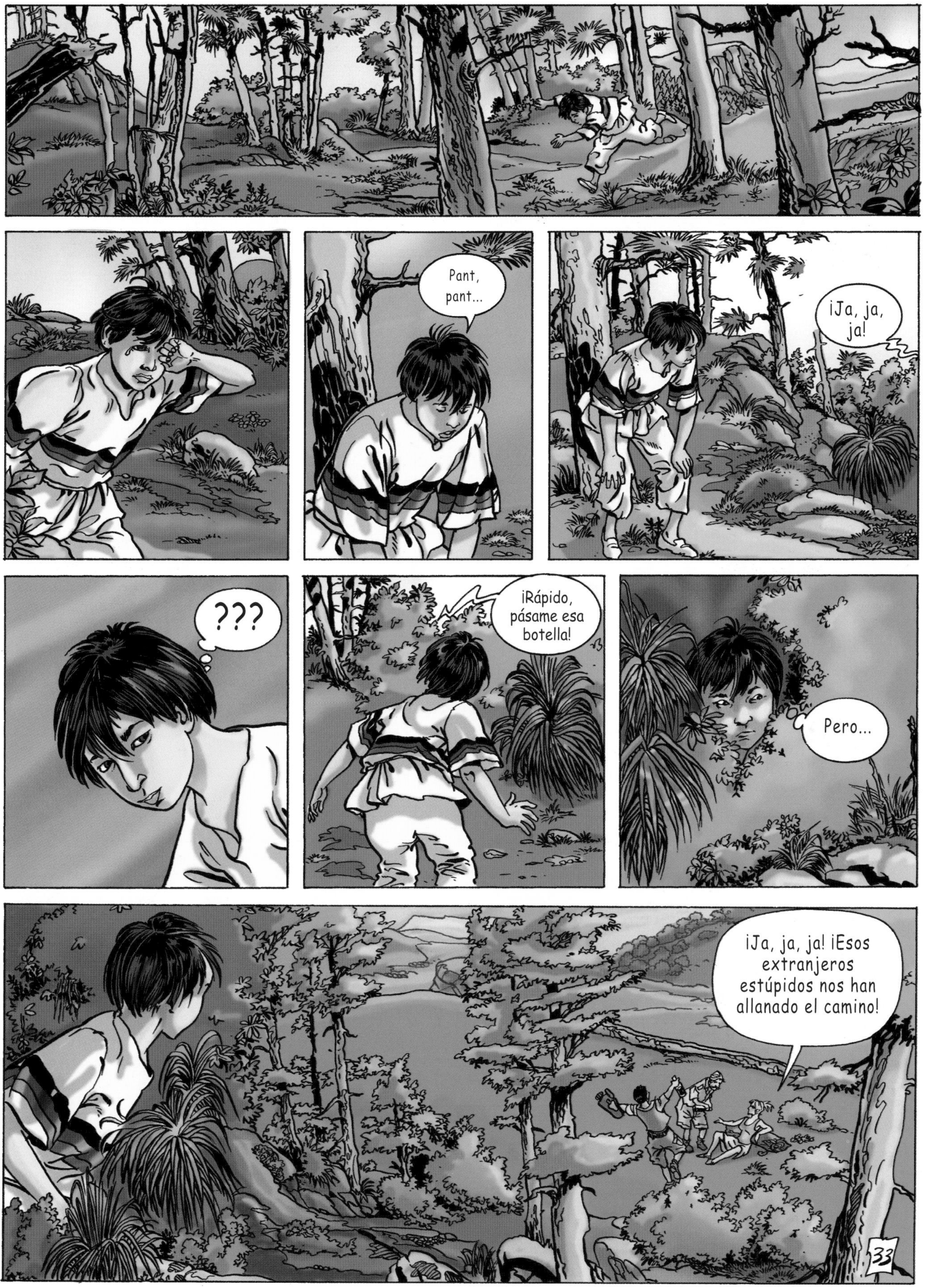
Pant, pant...
¡Ja, ja, ja!
???
¡Rápido, pásame esa botella!
Pero...
¡Ja, ja, ja! ¡Esos extranjeros estúpidos nos han allanado el camino!
33

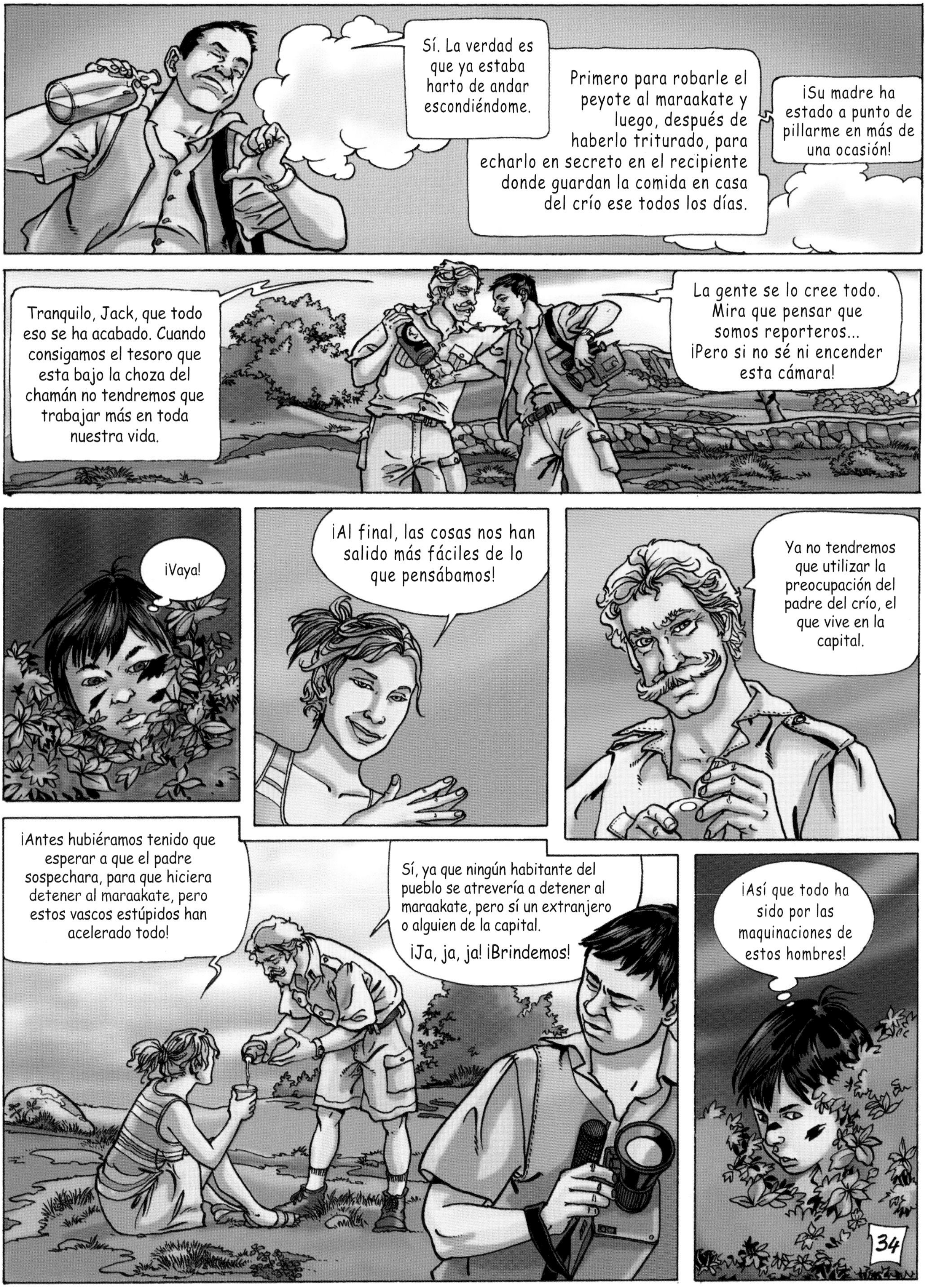
Sí. La verdad es que ya estaba harto de andar escondiéndome.
Primero para robarle el peyote al maraakate y luego, después de haberlo triturado, para echarlo en secreto en el recipiente donde guardan la comida en casa del crío ese todos los días.
¡Su madre ha estado a punto de pillarme en más de una ocasión!
Tranquilo, Jack, que todo eso se ha acabado. Cuando consigamos el tesoro que esta bajo la choza del chamán no tendremos que trabajar más en toda nuestra vida.
La gente se lo cree todo. Mira que pensar que somos reporteros... ¡Pero si no sé ni encender esta cámara!
¡Vaya!
¡Al final, las cosas nos han salido más fáciles de lo que pensábamos!
Ya no tendremos que utilizar la preocupación del padre del crío, el que vive en la capital.
¡Antes hubiéramos tenido que esperar a que el padre sospechara, para que hiciera detener al maraakate, pero estos vascos estúpidos han acelerado todo!
Sí, ya que ningún habitante del pueblo se atrevería a detener al maraakate, pero sí un extranjero o alguien de la capital.
¡Ja, ja, ja! ¡Brindemos!
¡Así que todo ha sido por las maquinaciones de estos hombres!
34

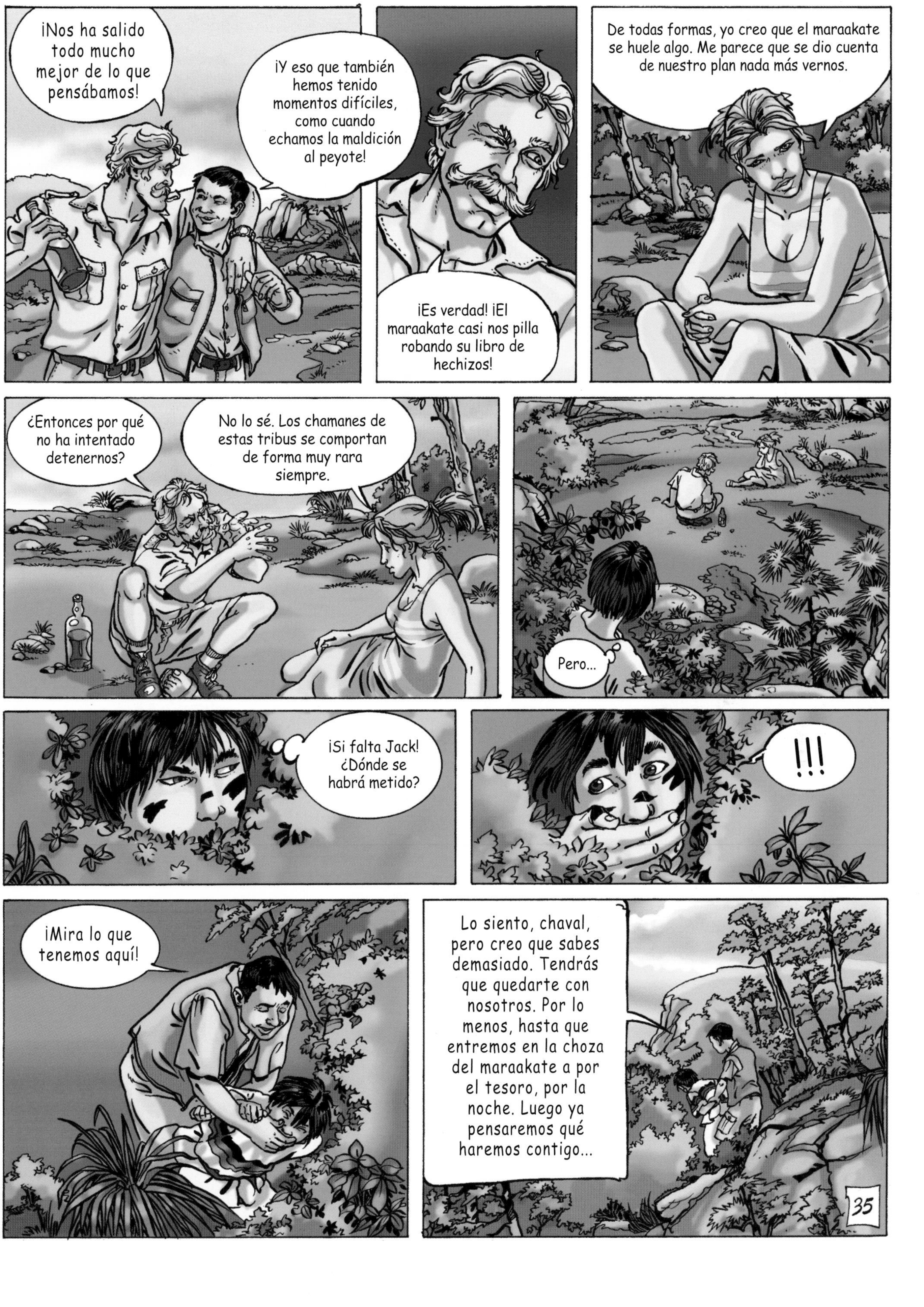
¡Nos ha salido todo mucho mejor de lo que pensábamos!
¡Y eso que también hemos tenido momentos difíciles, como cuando echamos la maldición al peyote!
¡Es verdad! ¡El maraakate casi nos pilla robando su libro de hechizos!
De todas formas, yo creo que el maraakate se huele algo. Me parece que se dio cuenta de nuestro plan nada más vernos.
¿Entonces por qué no ha intentado detenernos?
No lo sé. Los chamanes de estas tribus se comportan de forma muy rara siempre.
Pero...
¡Si falta Jack! ¿Dónde se habrá metido?
!!!
¡Mira lo que tenemos aquí!
Lo siento, chaval, pero creo que sabes demasiado. Tendrás que quedarte con nosotros. Por lo menos, hasta que entremos en la choza del maraakate a por el tesoro, por la noche. Luego ya pensaremos qué haremos contigo...
35

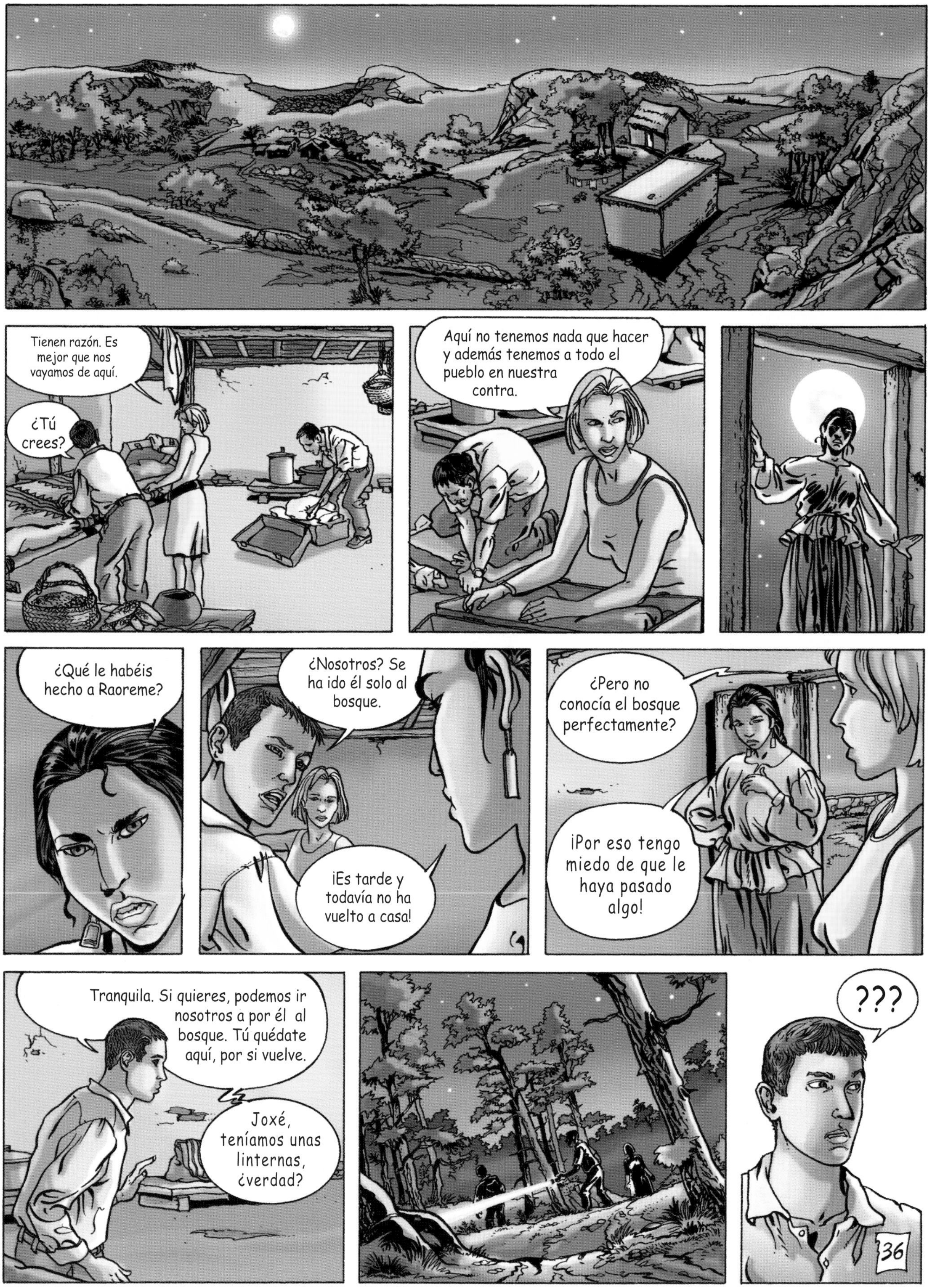
Tienen razón. Es mejor que nos vayamos de aquí.
¿Tú crees?
Aquí no tenemos nada que hacer y además tenemos a todo el pueblo en nuestra contra.
¿Qué le habéis hecho a Raoreme?
¿Nosotros? Se ha ido él solo al bosque.
¡Es tarde y todavía no ha vuelto a casa!
¿Pero no conocía el bosque perfectamente?
¡Por eso tengo miedo de que le haya pasado algo!
Tranquila. Si quieres, podemos ir nosotros a por él al bosque. Tú quédate aquí, por si vuelve.
Joxé, teníamos unas linternas, ¿verdad?
???
36

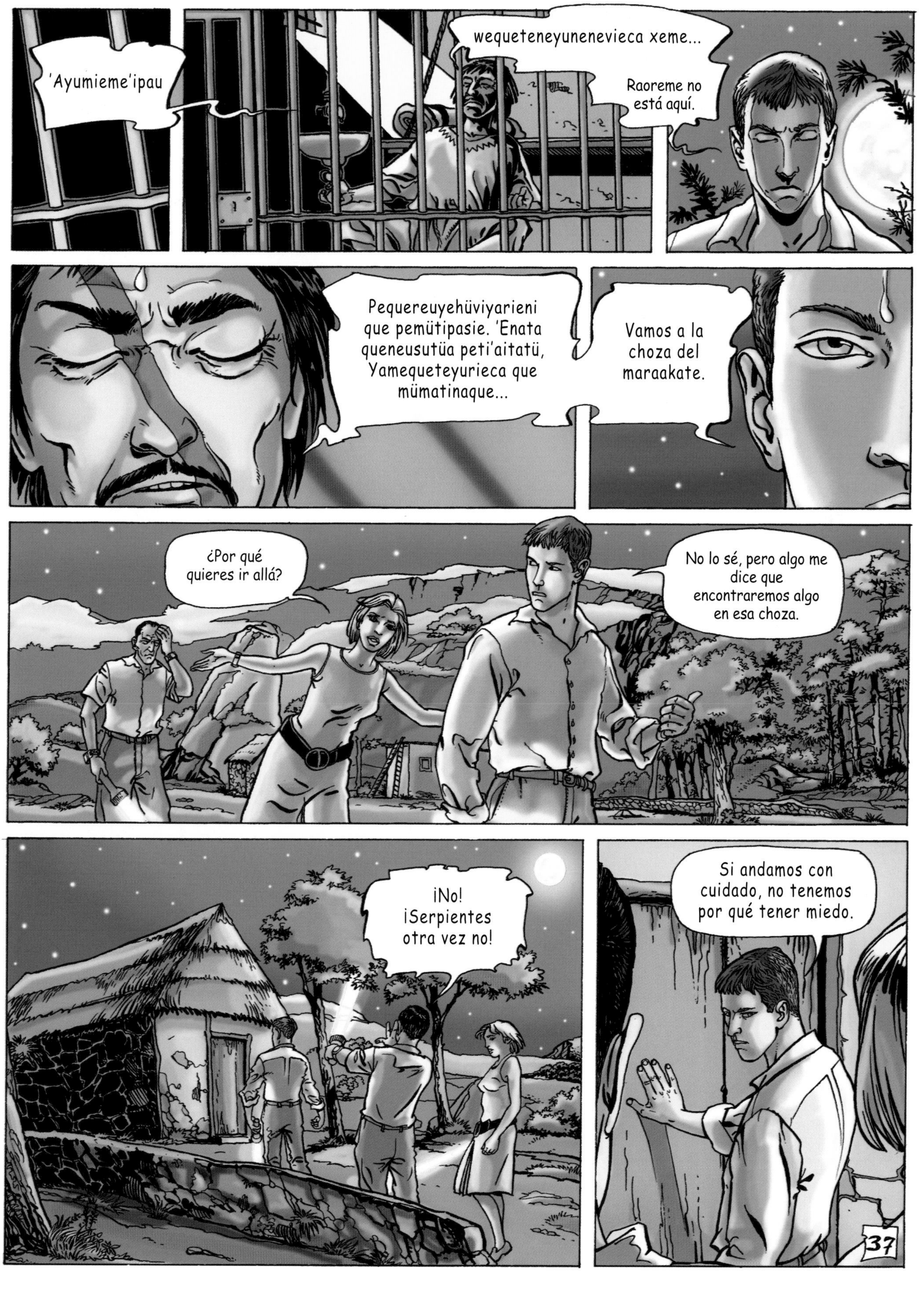
'Ayumieme'ipau
wequeteneyunenevieca xeme...
Raoreme no está aquí.
Pequereuyehüviyarieni que pemütipasie. 'Enata queneusutüa peti'aitatü, Yamequeteyurieca que mümatinaque...
Vamos a la choza del maraakate.
¿Por qué quieres ir allá?
No lo sé, pero algo me dice que encontraremos algo en esa choza.
¡No! ¡Serpientes otra vez no!
Si andamos con cuidado, no tenemos por qué tener miedo.
37

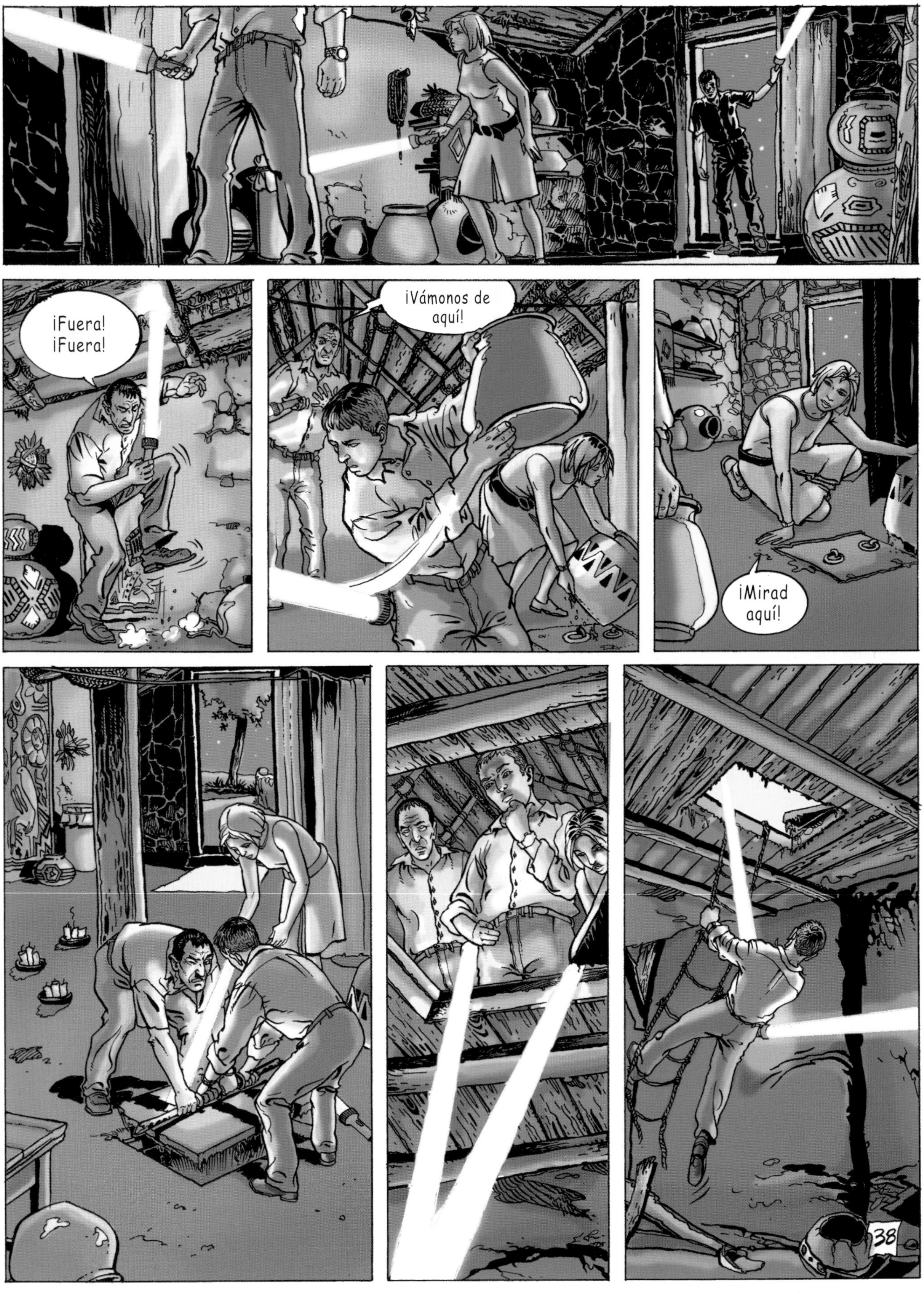
¡Fuera! ¡Fuera!
¡Vámonos de aquí!
¡Mirad aquí!
38

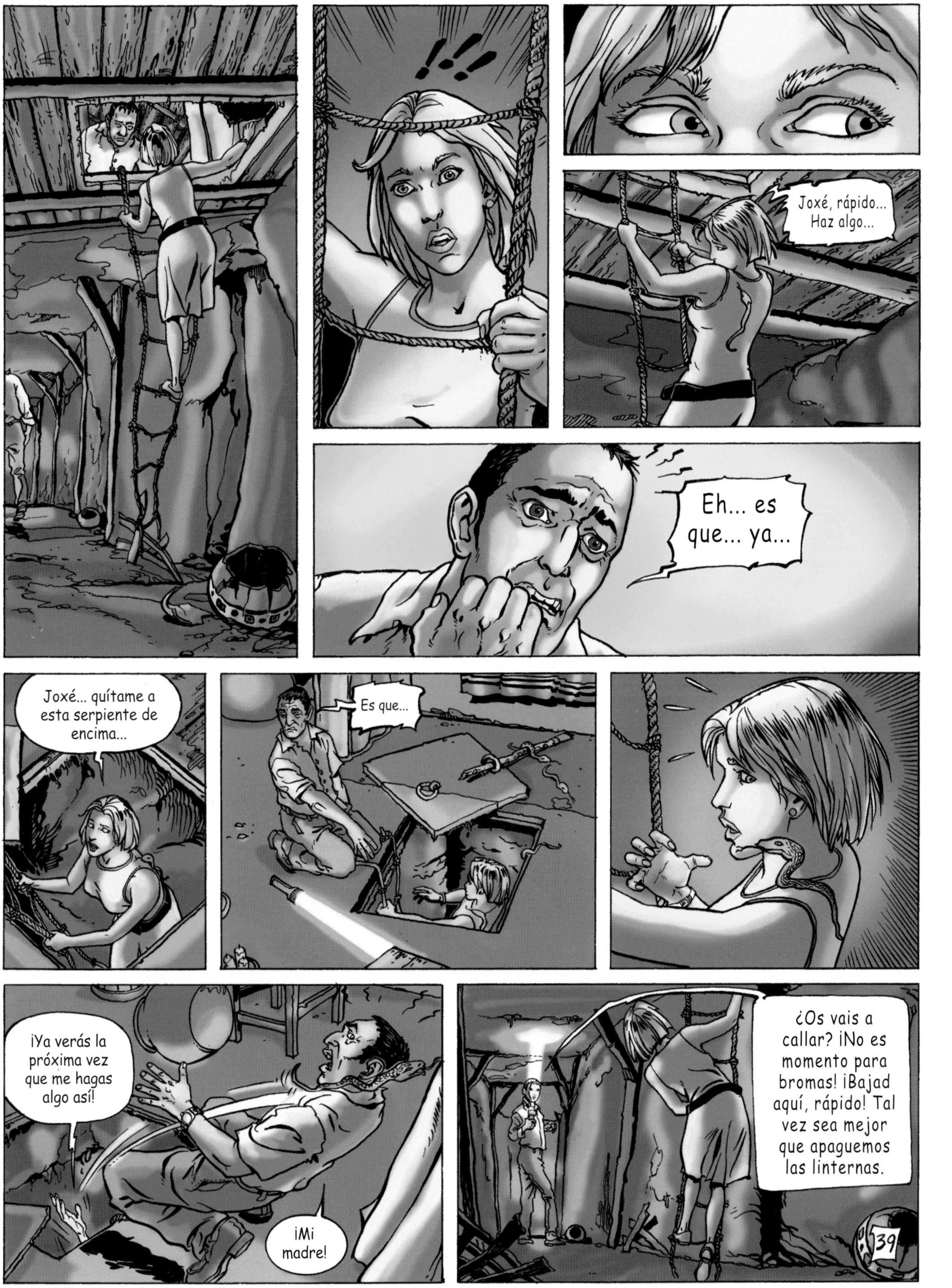
!!!
Joxé, rápido... Haz algo...
Eh... es que... ya...
Joxé... quítame a esta serpiente de encima...
Es que...
¡Ya verás la próxima vez que me hagas algo así!
¡Mi madre!
¿Os vais a callar? ¡No es momento para bromas! ¡Bajad aquí, rápido! Tal vez sea mejor que apaguemos las linternas.
39

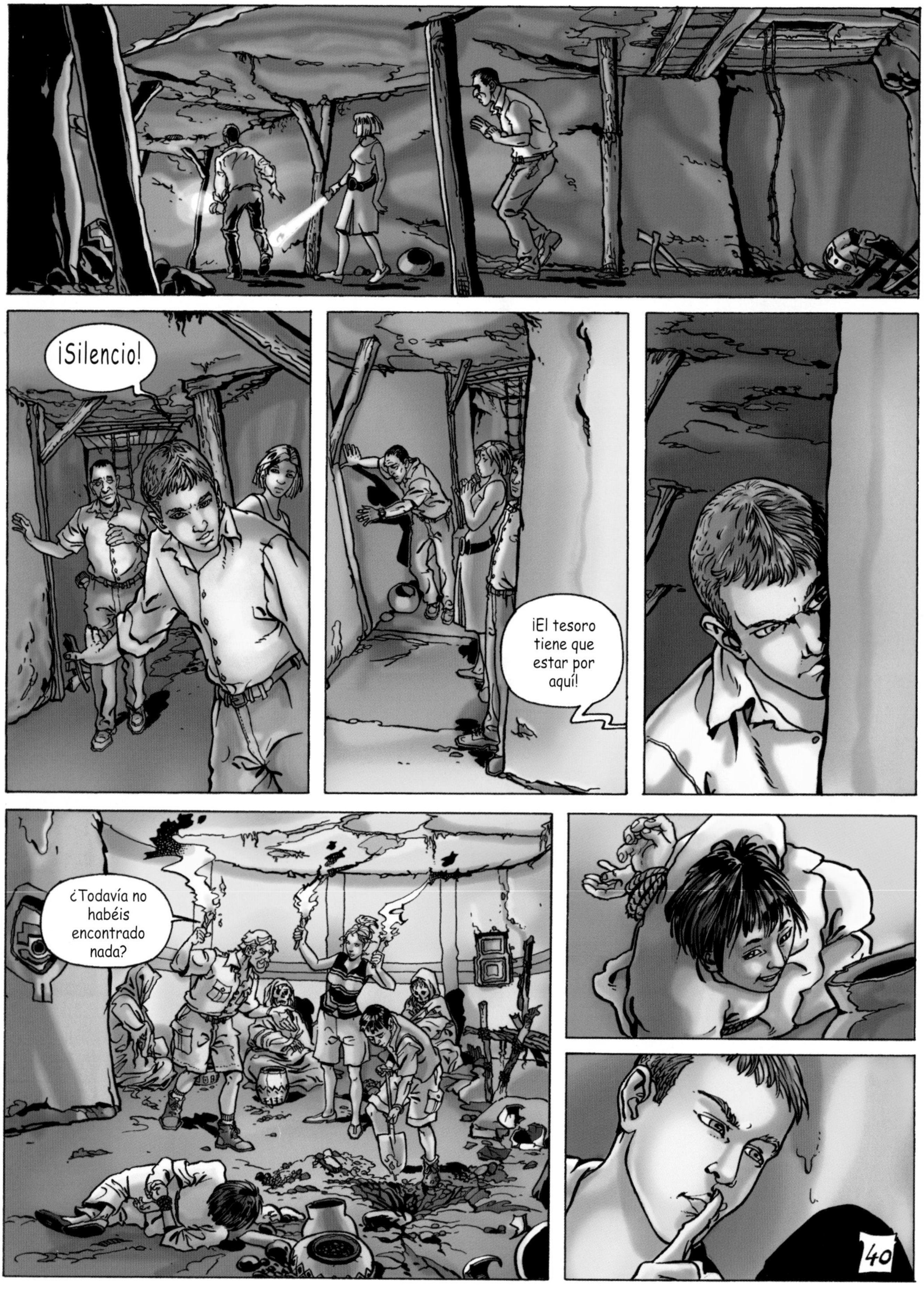
¡Silencio!
¡El tesoro tiene que estar por aquí!
¿Todavía no habéis encontrado nada?
40

¡Los tres extranjeros son unos criminales! Han raptado a Raoreme.

¡Eider, vete corriendo a pedir ayuda a Atelima!

¡Se van a enterar estos malvados!

¡Mira! ¡Esta losa se mueve!

¡Atelima! ¡Rápido, los ingleses han raptado a tu hijo!

¿Quéééééé?

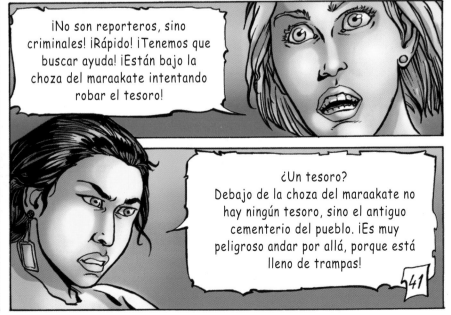

¡No son reporteros, sino criminales! ¡Rápido! ¡Tenemos que buscar ayuda! ¡Están bajo la choza del maraakate intentando robar el tesoro!

¿Un tesoro? Debajo de la choza del maraakate no hay ningún tesoro, sino el antiguo cementerio del pueblo. ¡Es muy peligroso andar por allá, porque está lleno de trampas!

41

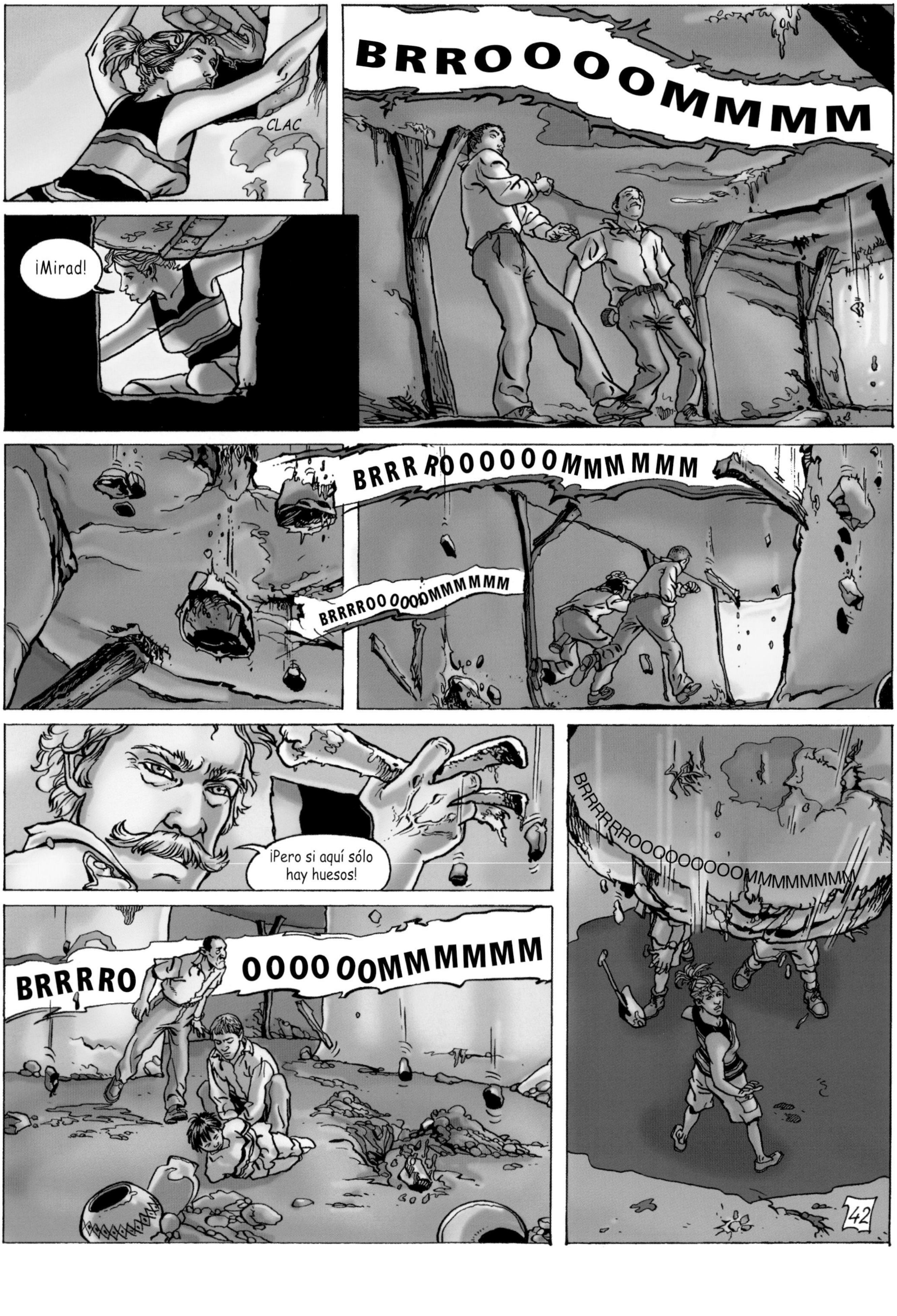
CLAC
BRROOOOMMMMM
¡Mirad!
BRRR ROOOOOOMMMMMM
BRRRROOOOOOMMMMMM
¡Pero si aquí sólo hay huesos!
BRRRRO OOOOOOMMMMMM
BRRRRRROOOOOOOOOOMMMMMMMM
42

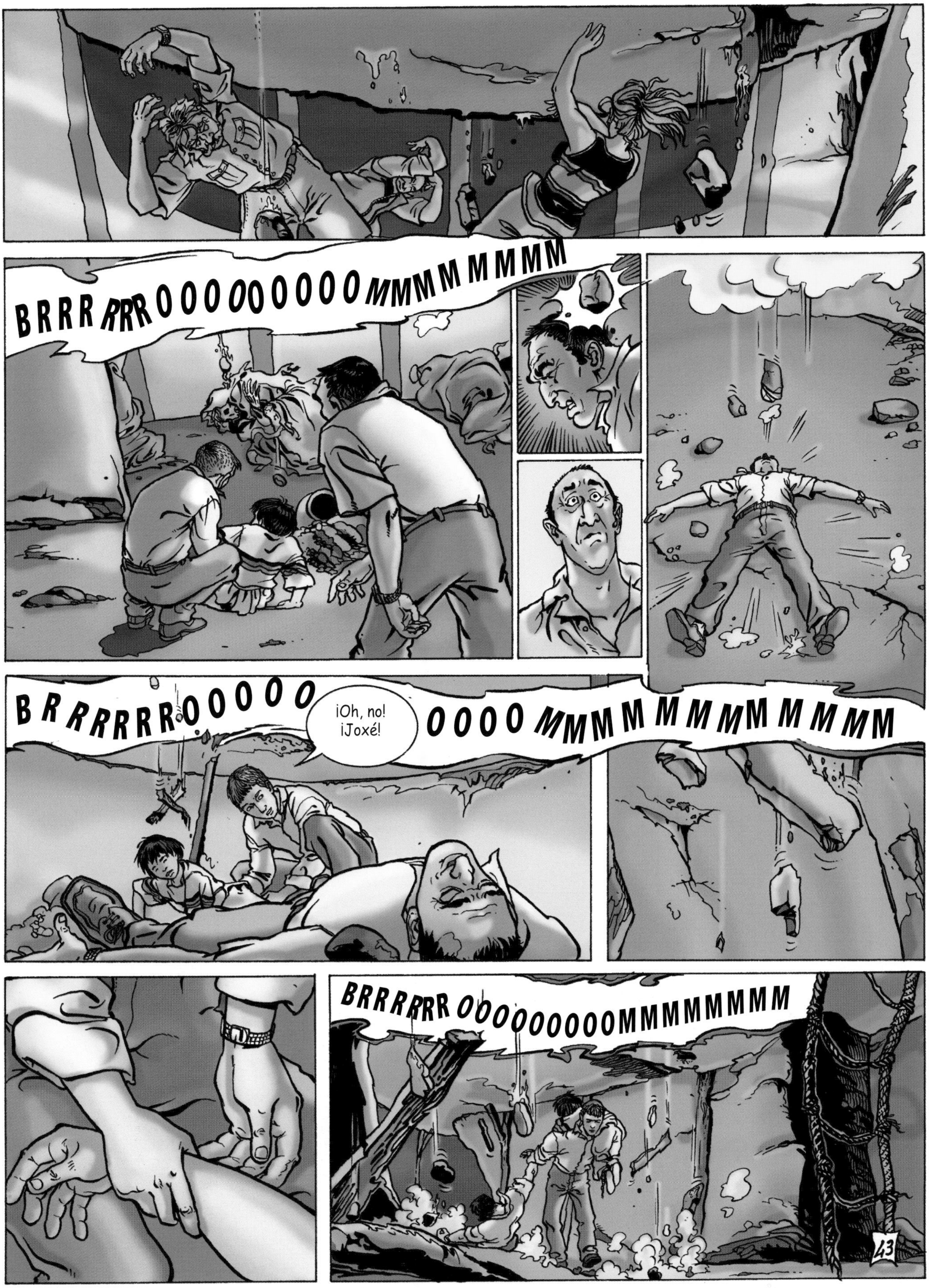
BRRRRRROOOOOOOOOMMMMMMMM
BRRRRRROOOOO
¡Oh, no! ¡Joxé!
OOOO MMMMMMMMMMM
BRRRRRROOOOOOOOOMMMMMMMM
43

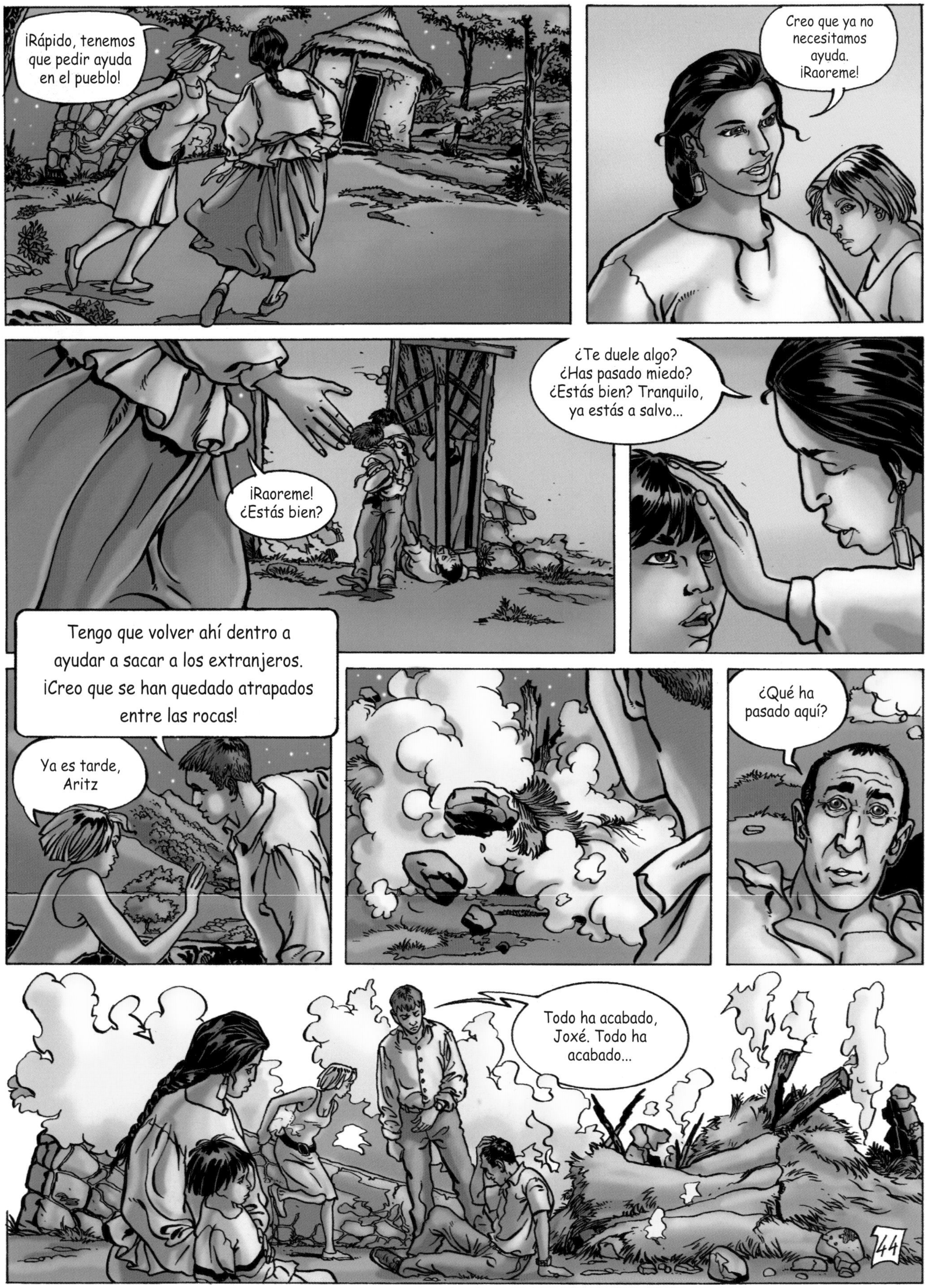
¡Rápido, tenemos que pedir ayuda en el pueblo!
Creo que ya no necesitamos ayuda. ¡Raoreme!
¡Raoreme! ¿Estás bien?
¿Te duele algo? ¿Has pasado miedo? ¿Estás bien? Tranquilo, ya estás a salvo...
Tengo que volver ahí dentro a ayudar a sacar a los extranjeros. ¡Creo que se han quedado atrapados entre las rocas!
Ya es tarde, Aritz
¿Qué ha pasado aquí?
Todo ha acabado, Joxé. Todo ha acabado...
44

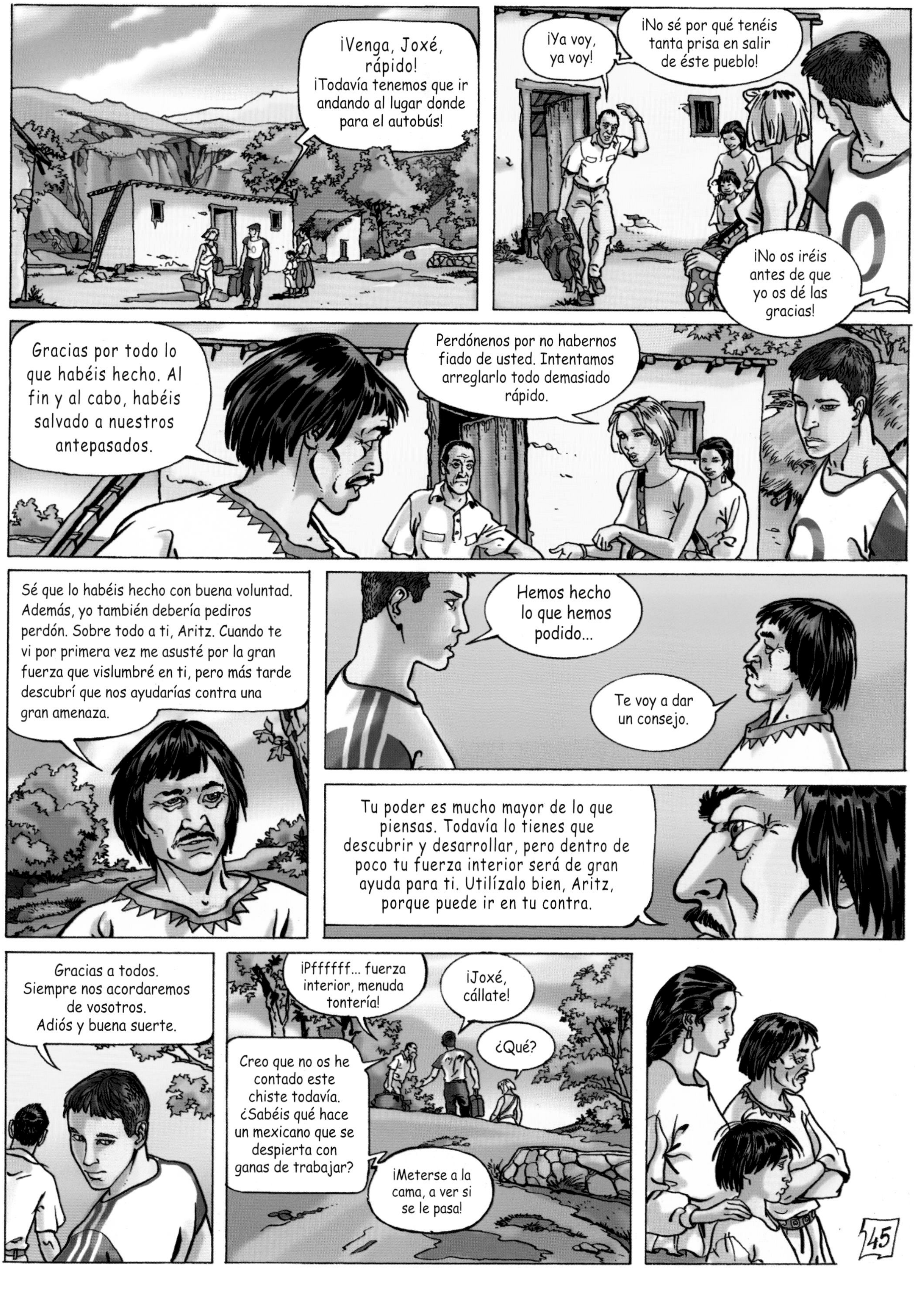

¡Venga, Joxé, rápido! ¡Todavía tenemos que ir andando al lugar donde para el autobús!
¡Ya voy, ya voy!
¡No sé por qué tenéis tanta prisa en salir de éste pueblo!
¡No os iréis antes de que yo os dé las gracias!
Gracias por todo lo que habéis hecho. Al fin y al cabo, habéis salvado a nuestros antepasados.
Perdónenos por no habernos fiado de usted. Intentamos arreglarlo todo demasiado rápido.
Sé que lo habéis hecho con buena voluntad. Además, yo también debería pediros perdón. Sobre todo a ti, Aritz. Cuando te vi por primera vez me asusté por la gran fuerza que vislumbré en ti, pero más tarde descubrí que nos ayudarías contra una gran amenaza.
Hemos hecho lo que hemos podido...
Te voy a dar un consejo.
Tu poder es mucho mayor de lo que piensas. Todavía lo tienes que descubrir y desarrollar, pero dentro de poco tu fuerza interior será de gran ayuda para ti. Utilízalo bien, Aritz, porque puede ir en tu contra.
Gracias a todos. Siempre nos acordaremos de vosotros. Adiós y buena suerte.
¡Pffffff... fuerza interior, menuda tontería!
¡Joxé, cállate!
¿Qué?
Creo que no os he contado este chiste todavía. ¿Sabéis qué hace un mexicano que se despierta con ganas de trabajar?
¡Meterse a la cama, a ver si se le pasa!
45

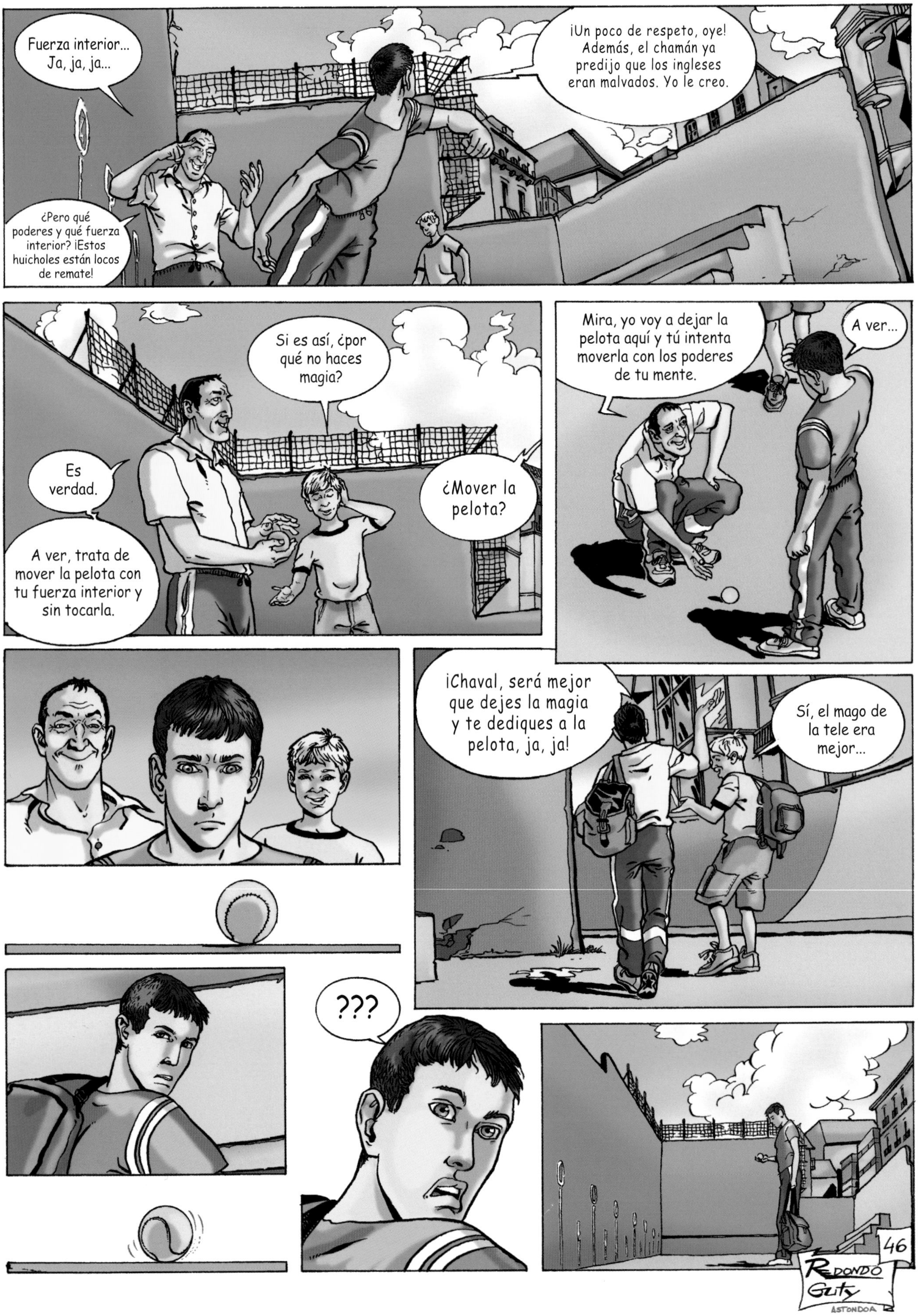
Fuerza interior... Ja, ja, ja...
¿Pero qué poderes y qué fuerza interior? ¡Estos huicholes están locos de remate!
¡Un poco de respeto, oye! Además, el chamán ya predijo que los ingleses eran malvados. Yo le creo.
Es verdad.
A ver, trata de mover la pelota con tu fuerza interior y sin tocarla.
Si es así, ¿por qué no haces magia?
¿Mover la pelota?
Mira, yo voy a dejar la pelota aquí y tú intenta moverla con los poderes de tu mente.
A ver...
¡Chaval, será mejor que dejes la magia y te dediques a la pelota, ja, ja!
Sí, el mago de la tele era mejor...
???
46
REDONDO
Guty
ASTONDOA

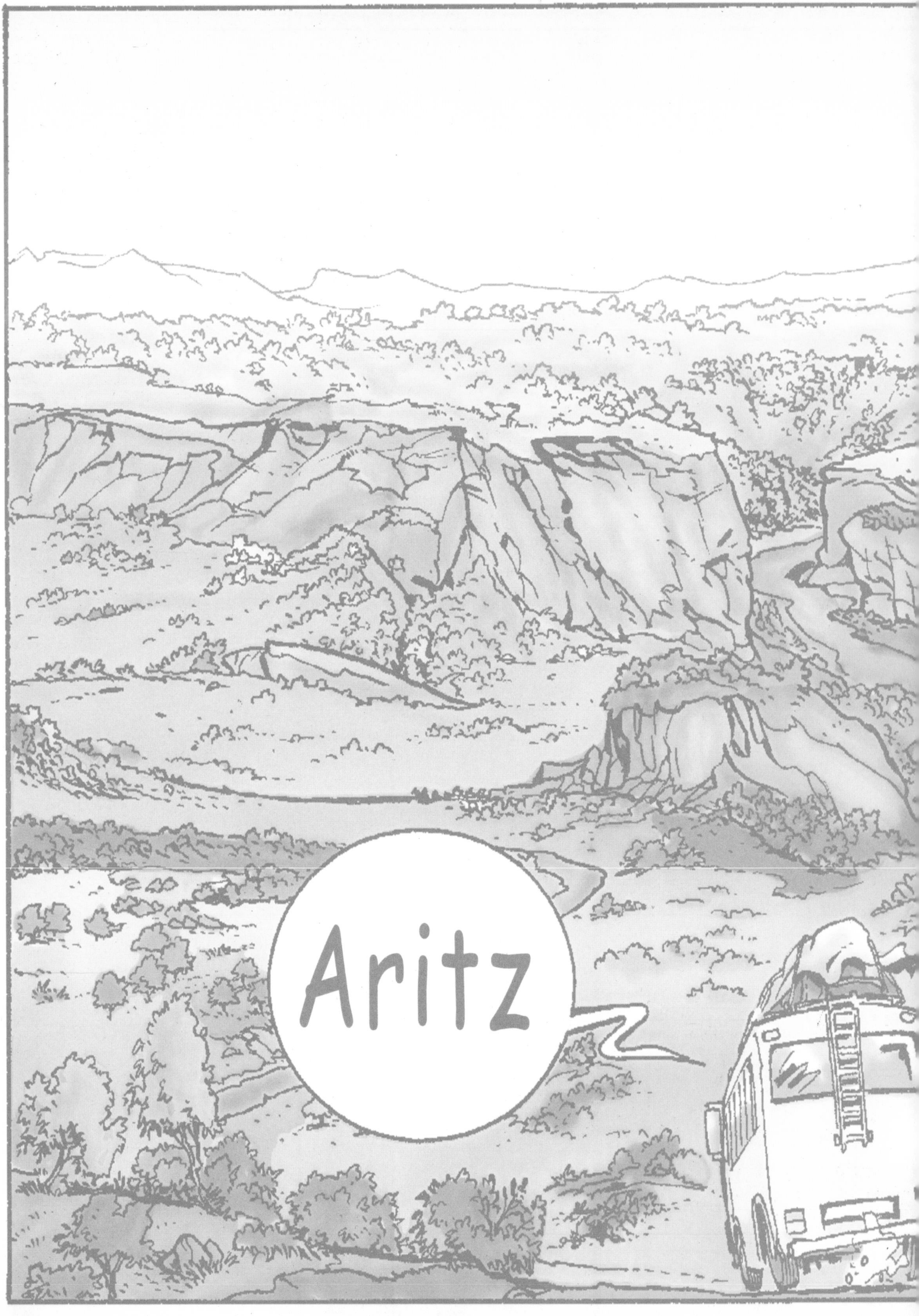
Aritz